ラビ・ナフマンの瞑想のすすめ

ラビ・ナフマン／ラビ・ナタン 著
河合一充 訳

שִׁפְכִי כַמַּיִם לִבֵּךְ

ミルトス

英語版の序文

預言者エレミヤは言った。「夜、初更に起きて、叫べ。主の御前《みまえ》にあなたの心を水のように注ぎ出せ。主に向かって両手をあげよ、町の角で、飢えて息も絶えようとするあなたの若者らの命のために」（哀歌二・一九）

ミドラッシュ（聖書注解）は、神は世に十回の激しい飢饉《ききん》を送られたが、九回は聖書時代に起こり、十回目は各々の世代に起こる、と教えている。それは、次のように預言者アモスが述べた飢饉である。「それはパンの飢饉ではない、水に渇くのでもない。主の言葉を聞くことの飢饉である」（アモス書八・一一）

すべての世代に対して言われた預言だけが聖書に記録されており、あらゆる時代に通用しない預言は聖書に記録されていない、とタルムードは教えている。したがって、エレミヤの言葉はすべての世代に向けて意味があるのだ。

エレミヤは最初の神殿が崩壊する時代に生きた。彼は、イスラエルの子らが飢えのために街頭で弱り果て、食べ物を求めて乞《こ》い歩いているのを見た。しかし、また、イスラエルの子らが離散の長い年月にわたって、霊の食べ物を求め、探し、物乞いすらするのを予見していた。エレミヤの忠言は、「起きて、叫べ。主の御前にあなたの心を水のように注ぎ出せ」であった。これのみが真の救いに至る唯一の道である。

二十世紀初頭のヨーロッパにおいて、テプリクのラビ・アルター（ブラツラヴ派のハシッド）は、彼の時代に同様の飢饉を見た。それゆえ、彼はラビ・ナフマンと彼の弟子ネメロフのラビ・ナタンが瞑想について書いたものをすべて収集し、一冊の本を作った。その本は『ヒシュタペフート・ハネフェシュ（魂を注ぎ出すこと）』と名付けられた。

現代では、この飢饉は一層激しい。多くのユダヤ人の若者たちが、しばしば東洋の宗教の中に、瞑想を探っている。もっと悪いことには、いろいろのカルト信仰にまで踏み込んでいく。霊的高揚を見いだすことを期待して、世界中を調べ回っている者も少なくない。我々はミドラッシュが語る飢饉の最悪の苦痛を体験している。人が神の言葉を求めるべき飢饉である。しかし、ここで幸いなことにエレミヤの忠言が強く響く。「主の御前にあなたの心を水のように注ぎ出せ」

ハイム・クレイマー
（ブレスロヴ研究所）

ユダヤ暦五七四〇年（一九八〇年）アブの月

ラビ・ナフマンの瞑想のすすめ／目次

主な用語

ラビ…………ユダヤ教の賢者をさす尊称。律法に精通した教師。

トーラー………旧約聖書の創世記、出エジプト記、レビ記、民数記、申命記のこと。

タルムード……聖書と並ぶ、ユダヤ教の大事な聖典。口伝の律法や教えを集めたもの。

ミドラッシュ…ラビによる聖書の伝承・伝説的な注解。膨大なラビ文学の一分野。

アミダー………礼拝用の祈祷書にある主要な祈り。十八の祝祷から成り、立って祈る。

カバラー………ユダヤ教の神秘主義、またその教え、思想。『ゾハル』がその教典。

ハシディズム…十八世紀に始まったユダヤ教復興運動。熱烈な祈りと踊り、歓喜が特徴。

ツァディク……義人の意。ハシディズムの指導者。神と人の仲介に立つと見なされた。

ハシッド………敬虔な人の意。ハシディズムの信徒。時には、指導者をもさす。

レッベ…………ハシディズムで指導的なラビをさす。本書ではラビ・ナフマンの尊称。

大会堂…………バビロン捕囚から帰還してユダヤ教を指導した組織、その人々。

ラビ・ナフマン（一七七二〜一八一〇）略歴

ハシディズムは、十八世紀にユダヤ教の信仰復興運動としてバアル・シェム・トヴ（本名、イスラエル・ベン・エリエゼル）によって始められた。その曾孫《ひまご》のラビ・ナフマンはハシディズムの歴史の中でも無比の人物である。生前中、ハシディズムの偉大なマスターとして有名で、数百人の弟子を惹《ひ》きつけた。彼の死後二〇〇年以上を経て今日なお、彼の信奉者は幾万人を数え、現代においても生きる意味と信仰の指針の源泉となって人々を励ましている。

ラビ・ナフマンは、一七七二年、バアル・シェム・トヴ没後十二年経って、西ウクライナの町メジブズで生まれた。幼少期、ハシディズムの多くの師がメジブズにあるバアル・シェム・トヴの墓を訪れてきた。彼らはラビ・ナフマンの両親の家に泊まった。彼は、これらの偉大な指導的なラビたちの影響を受けて、彼自身も優れたツァディク（ハシディズムの指導者、義人）となり、トーラーの賢者となった。

彼は十三歳で結婚後、ウクライナ東部のオサティンに移住した。一七九〇年代に、近くのメジデフカに移り、そこで教え始めた。一七九八年から九九年にかけてイスラエルの地（パレスチナ）まで聖地巡礼をした。道中大変難儀をしたが、生涯を変える貴重な体験となった。そして、メジデフカに戻って間もなく、彼に対する反対運動が起きて、一八〇二年にブラツラヴに移住した。その頃、近くの町ネメロフのラビ・ナタンが彼の弟子となった。ラビ・ナタンは師の教えや会話を記録し書物に残した。

ラビ・ナフマンは新たな命をハシディズムに吹き込んだ。カバラー（神秘主義）の難解な教えを具体的で実際的なアドバイスに翻訳した。それは、だれでもが自分の人生をより良くするために用いることのできるものであった。公式な教えの他に、トーラーの最も深い神秘を含む物語を数々語った。彼は言った。「私のトーラーの教えは、あなたがたに届いていないようだ。それで物語を語ることにしよう」。物語のみならず、聖書の講話においても革新的であった。神への道で祈りを強調し、苦難の中でも人生を喜ぶことを教えた。ハシディズム運動の伸張に尽くした比類のない人物となる。

年齢においては若かったけれども、ラビ・ナフマンは人生の真の意味をわかっていた。トーラー研究に多くの時間をさき、自己の人格的特性を磨き、天への畏怖を完成するためにはどんなことでもした。彼の献身を通して、神の道が若い年齢で彼にとっては完全に明らかになった。多くの助言や勧めを語り、人々が神との堅固で申し分のない関係を築くのを助けた。

ラビ・ナフマンは、八人の子どもの母となった妻を一八〇七年、結核で亡くした。その後、再婚した。一八〇七年の晩夏には、彼自身が結核に感染した。病はその後三年間、彼の体を痛めつけた。この世を去る時が近づいたことを知ると、一八一〇年の春、ウマン（ウクライナ中部の町。現在ウーマニと呼ばれる）に移住した。彼は最後の講話をローシュ・ハシャナ（ユダヤ新年）の日に何百という弟子たちに語り、数週間後、世を去った。それはユダヤ暦五五七一年ティシュレーの月十八日（一八一〇年十月十六日）であった。享年三十八歳。ウマンの地に葬られた。

ラビ・ナフマンの二人の息子と二人の娘は幼くして亡くなり、四人の娘が生き残った。彼の跡継ぎの息子がいないので彼のハシディズム派は彼と共に消えてしまうのは必然だった。しかし、彼には、彼の教えが来るべき世代に引き継がれていく一つの秘密があった。その秘密とは彼の一番弟子で書記のラビ・ナタンであった。師の没後、彼の筆が何百年先までブラツラヴ派の生存を保証し、事実、今日に至るまで同派は生き続けている。

ウマンは、ハシディズムの聖地となった。現在もローシュ・ハシャナには何万の人びとが巡礼に訪れている。

（出典・Breslov.org、Jewish Virtual Library、Tormented Master を参照）

まえがき

テプリクのラビ・アルター＊

命を慕い求める者はだれか？　真実に自分のことを思う者はだれか？　祈りを通して神に仕えるのにふさわしい者になりたいと願う者はだれか？　祈りは人の命の主なる根源である。「神への祈りはわが命なり」（詩編四二・九）と書かれているとおりである。祈りを通して、人は命の力を霊的なすべての世界にもたらすことができる。

本書は祈りと瞑想の重要さを、特に「神の御前にわが魂と心を水のように注ぎ出す」ことについて語ったものであるが、本書に収録した教え《レッスン》にどうか深く注意を払ってほしい。そうすれば、物質的にも霊的にも、あらゆる必要な事柄を神に求めるにはどうしたらよいかを学ぶであろう。これこそは、人がすべての時に神の助けを受け取ることのできる唯一の方法である。

この聖なる道は、われらの族長や預言者ら、また賢者が歩んできた古来の道である。アダムが創造される前に、トーラーはこう述べている。「地上にはまだ野の木も、野の草も生えていなかった。神が地上に雨をお送りにならなかったからである。そして土を耕す人もいなかった」(創世記二・五)。これは創造の六日目を語っている。ラッシー(中世の偉大なラビ。聖書注解で有名)は、三日目に「地は草を芽生えさせ」(創世記一・一二)という句に矛盾しているように見えるが、次のように説明した。草は地上の表面にまで現れた、しかしアダムが雨を祈り求めるまでは草はそのままであった。アダムが祈ると、雨が降り、すべての草や木は地上から生え始めたのである、と。

また、ノアが箱舟を出て、周囲に恐ろしい破壊の跡を見たとき、ノアは泣き始めて「世界の主よ、あなたの被造物に憐れみをかけてくださったらよかったのに!」と叫んだ、と教えられている。

神はノアに答えて、言われた。「愚かな羊飼いよ! 今あなたは不平を言っている。以

---

*ウクライナのテプリク生まれ(?~一九一九)、ブラツラヴ派のハシッド。ラビ・ナフマンの教えを編集して幾冊か出版した。

前あなたに『わたしは、この時代にあなたは正しいと認めた』（創世記七・一）と言った。わたしは『すべての命を滅ぼすために地上に洪水を送ろうとしている』（創世記六・一七）と警告したではないか。世界のために祈るように、すべてをあなたに語ったのだ。世界は滅ぼされた。さあ、わたしの前に口を開いて、祈りと嘆願をなすように」

ノアは自分の過ちに気がつくと、彼は犠牲を献げ、神に未来のために祈った。神がかいだ「宥《なだ》めの香り」（創世記八・二一）とは、ノアの祈りの香りであった。

族長たちと祈り

アブラハムの祈りの多くの実例を見ることができる。神がアブラハムに、「ソドムとゴモラの叫び声は非常に大きい」（創世記一八・二〇）と言って、その町を滅ぼそうとしたとき、アブラハムは直ちに「近寄って」（創世記一八・二三）、祈りはじめて、神に嘆願した。もしあの町に正しい人が五十人いるなら、否、十人でもいるなら、町を滅ぼさないでください、と。

我らの賢者は、次の句をこう注解している。「アブラハムは、その朝早く起きて、さきに神の前に立った場所に行った」（創世記一九・二七）は、アブラハムが日々の**朝の祈り**を定めたという事実を示唆するものである。

また、神がアビメレクに言った言葉、つまり「この人の妻を返しなさい。彼は預言者だからだ。あなたのために祈るだろう」（創世記二〇・七）を我々は知っている。トーラーは、「アブラハムは神に祈った、そして神はアビメレクを癒やした」（創世記二〇・一七）と述べている。ミドラッシュは、アブラハムがこの祈りをしたとき、結び目は解けたと、注釈している。（訳注・アブラハム以前にはこれほど他人のために熱心に祈った人はいなかった。天命も変えるほど祈った、の意）

アブラハムの僕《しもべ》、エリエゼルがイサクのために嫁を探しに出かけたとき、彼は自分の思いを神に祈りの中で言い表した。そして、「主人アブラハムの神、主よ、どうか、今日わたしに成功させて、主人アブラハムに慈しみをお示しください」と言った（創世記二四・一二）。ミドラッシュは、彼が次のように言ったと述べている。「世界の主よ、あなたが主人アブラハムにイサクをお与えになったとき、主人がその祈りをもって成し遂げたことを、わたしどもは完成させたいと努めています」

イサクについては、トーラーは「イサクは夕べになるころ、野に瞑想をしに出かけた」（創世記二四・六三）と書いている。タルムードは、これを、イサクが日々の**午後の祈り**を定めたという事実を示唆するものだと注解している。

ミドラッシュはイサクは祈りに没頭していたと語る。そして、リベカは「この方は確かに偉大な人！」と言った。それで彼女は「野原を歩いて、わたしたちを迎えに来るあの人はだれですか」（創世記二四・六五）と僕に尋ねた。

イサクがリベカをめとり、彼女が不妊であることを知ったとき、トーラーは「イサクは妻のために祈った」（創世記二五・二一）と書いている。ミドラッシュは、一人の賢者によれば、イサクはあふれる祈りを捧げたのだと述べており、他の賢者はイサクの祈りは天命をひっくり返すことができるほどの熱心な祈りだったと注解している。

ヤコブについてトーラーは、「ヤコブはその場所で礼拝をした」（創世記二八・一一）と言っている。タルムードは、この聖句からヤコブが日毎の**夕べの祈り**を定めたと思われると書いている。

ヤコブもやはり、神にたっぷりと祈った。そして、「もし神がわたしと共におられ、……わたしを見守ってくださり、……食べ物と着るものを与えてくださるならば……」（創世記二八・二〇）と言った。ミドラッシュは、神は族長たちの瞑想を受け入れられ、それを彼らの子孫たちの贖いのための鍵にされたと述べている。

ミドラッシュは、またヤコブがラバンと共に過ごした二十年間、彼は夜眠らず、詩編の十五の「都詣での歌」（詩編一二〇～一三四）を唱えていたと記している。ヤコブは夜中瞑想をし、神に祈っていた。

ヤコブが聖地に帰ろうとしていたとき、彼はエサウに使者を送った。しかし、彼の一番の武器は祈りであった。そこで彼は言った。「おお、神よ……どうか、わたしを救ってください、私の兄弟の手から、エサウの手から」（創世記三二・一二）

また、すべての族長の妻が絶えず祈りをしていたことを知っている。ミドラッシュは言っている。神が族長の妻を不妊にしたのは、義人の祈りを欲したからであると。

ミドラッシュはこうも言っている。サラがアビメレクの王室に連れて行かれたとき、彼女は一晩中顔を伏せて言い続けた。「世界の主なるお方よ……」

イサクがリベカのために祈っていたとき、トーラーは、イサクは「妻のために」祈ったと言う（創世記二五・二一）。

トーラーは記している。ラケルは「神はわたしを裁き、わたしの祈りをお聞きくださった」と言った（創世記三〇・六）。それから、「姉と死に物狂いの争いをして、ついに勝った」と言った（創世記三〇・八）。ラッシーは、ラケルが神の目に尊い祈りをもってそうしたのだと説明している。

ラケルが出産するときのことを、トーラーは「神はラケル［の祈り］を聞いて、彼女の胎を開かれた」と記している（創世記三〇・二二）。聖書は後に、「ラケルは子らのために泣いている」と語っている（エレミヤ書三一・一五）。

レアのことを語るとき、トーラーは「レアの目は優しかった」と言っている（創世記二九・一七）。タルムードはこう教えている。レアの目が優しかった（原語は「か弱い」の意あり）というのは、彼女がエサウの妻にならないようにと、大層泣いて祈ったからだと。

ヤコブの子らも祈りに精魂を傾けた。それゆえに、ヤコブがベニヤミンをエジプトに送る際に（創世記四三・一三）、自分の子らに「ここにお金がある。贈り物もある。お前たちの兄弟もいる」と言ったとき、ヤコブの子らの返事は「わたしたちが必要なのは、父よ、あなたの祈りです」という嘆願であった。

ヤコブは「それでは、わたしの祈りはこれだ」と答えた。「どうか、全能の神がその人の前でお前たちに憐れみを施されるように」（創世記四三・一四）

ヨセフがエジプトで牢の中にいたとき（創世記三九・二〇）、ヨセフは祈りに自分の時間を使った。我々は、そのゆえに、「牢にいるヨセフに答えられたお方よ、わたしたちにも答えてください」という祈りを唱えるのである。

ヨセフがベニヤミンを捉《とら》えたとき、トーラーは「ユダは（彼に）近づいた」（創世記四四・一八）と言っている。ミドラッシュは、ユダは祈りの中で神に近づいたと注解した。

モーセと祈り

我らの先祖がエジプトにいたとき、トーラーは我々に「イスラエルの人々は、その労働のゆえに呻き、そして叫んだ、そして彼らの叫びは神に届いた」（出エジプト記二・二三）と語る。紅海において（エジプトの軍勢が近づいてきたとき）、同様に、「イスラエルは神に叫んだ」（出エジプト記一四・一〇）と書かれている。

雅歌にある聖句、「岩の裂け目にいるわが鳩よ、……あなたの声を聞かせなさい」（二・一四）の注解として、ミドラッシュは、これは神がイスラエルに向かって話しているのだと述べた。「わたしに、あなた方がエジプトでわたしに叫んだ、同じ声を聞かせてくれ」と神が言われたとした。ここから、神はイスラエルの人々の祈りを願っておられることがわかる。

トーラーと賢者たちの書物から、我々はモーセが、自分のためにもイスラエルのためにも、神に向かって絶えず祈りと嘆願にたずさわっていたことを発見する。イスラエルが金の子牛で罪を犯したとき、「モーセは神に嘆願した」（出エジプト記三二・一一）とある。モーセは、自分の祈りについて後に次のように描写した。「わたしは四十日四十夜、神の前にひれ伏して祈った」（申命記九・一八）

ミドラッシュは、神がモーセに祈り方を教えたと述べている。マラにおいて神はモーセに「苦《にが》いものを甘いものに変えよ」と言った。（出エジプト記一五章）。後に、イスラエルの人々が金の子牛で罪を犯したとき、神はモーセに、「マラであなたに苦いものを甘いものに変えるように祈れと告げたと全く同じように、イスラエルの罪の苦みを取り除いて、イスラエルを再び甘いものにせよ」と言った。

モーセが金の子牛の罪を神が赦《ゆる》してくださるように祈ったとき、モーセは自分の力がすべて尽きるまで祈り続けた。彼は、自分の民のためにはこの世も来る世も喜んで犠牲にしようとしていた。それは「（もしあなたがイスラエルの民をお赦しにならないならば）わたしの名を消し去ってください」（出エジプト記三二・三二）とあるとおりである。

イスラエルの人々がカナン偵察をした者たちの声を聞いて罪を犯したとき、モーセは彼らのために祈った（民数記一四・一三）。民が神に対して不満をつぶやいたとき、彼らのために祈った（民数記一一・二）。ミリアムがらい病にかかったとき、モーセは「ああ、神よ、どうか彼女を癒やしてください」と叫んだ（民数記一二・一三）。

モーセは約束の地に入ることができないと神の天命が下ったとき、モーセの反応が書かれている。「わたしは、神の前に嘆願した（וָאֶתְחַנַּן ヴァエトハナン）」（申命記三・二三）。ミドラッシュは、モーセは五一五回も祈りを捧げた、と述べている。五一五回はヴァエトハナンの数値である。ミドラッシュの結論は、「もし、モーセがもう一回祈りを捧げていたなら、答えをいただいていただろう」。ミドラッシュは、彼が亡くなる最後の日に、モーセが捧げた多くの祈りのことを語っている。

ヨシュアをスパイ（カナンの偵察隊）として遣わす前に、モーセは「どうか、神があなたを他のスパイの言葉に惑わされないように守ってくださるように」と祈った。カレブはモーセが自分のためには祈らなかったのを知ったとき、彼はヘブロンの族長の墓に身を投げ出して、他のスパイに従う誘惑に陥らないように祈った。

コラの反乱の後、トーラーは「アロンは香炉を取った」と述べている（民数記一七・一二）。その時、アロンはイスラエルの人々が赦されるように神に多くの祈りを捧げた。それゆえに、我々は「香炉をもったアロンに答えられたお方が私たちにも答えられますように」と唱えるのである。

同様に、ピネハスは会衆の前に立ち上がったとき（民数記二五・七）、彼は祈った。「ピネハスは立ち上がって、祈った」（詩編一〇六・三〇）とあるとおりである。

イスラエルの人々がアイで打ち負かされたとき、「ヨシュアは衣服を裂き、箱の前に地にひれ伏した……そして、『ああ、主なる神よ、……』と言った」（ヨシュア記七・六、七）

士師の時代と祈り

士師の時代に、イスラエルの民が罪を犯すたびに、神は彼らを怒り、敵の手に渡した。イスラエルの反応は神に叫ぶことであった。神は彼らに憐れみをかけ、士師を立てて民を救わせた。これは士師の一人一人に事実である。

ペリシテ人がサムソンの両眼をえぐり、青銅の足かせで彼を縛ったとき、サムソンは神に叫んだ。「ああ、主なる神よ、わたしを覚えてください。どうぞ、もう一度、わたしを強くしてください」（士師記一六・二八）

ハンナが、神が自分の胎を閉ざされたと知ったとき、彼女は泣いて、長く神に祈った（サムエル記上一・一二）。タルムードはこう述べている。ここから、だれでも長く祈る者にはその祈りは答えられることがわかる、と。また、義人が長く祈る時にはいつでも、その祈りは答えられると教えている。ハンナは「神の前にわたしの魂を注ぎ出しているのです」と言った（サムエル記上一・一五）。後に、彼女はサムエルについて「これはわたしが祈り求めた子です」（サムエル記上一・二七）と言った。聖書は「ハンナは祈って言った……」（サムエル記上二・一）と記しているが、ミドラッシュはその箇所を「ハンナは祈りと告白を始めた」と注解している。

後に、ペリシテ人がイスラエルを圧倒したとき、サムエルは「イスラエルを全員、ミツパに集めなさい。わたしはあなたがたのために神に祈ろう」(サムエル記上七・五)と言った。聖書は、「人々はミツパに集まり、水をくんで、それを神の前に注いだ」(サムエル記上七・六)と記している。注解書は、イスラエルの人々は神の前に水のように彼らの心を注ぎ出したと注記している。そこで、「サムエルはイスラエルのために神に叫んだ。そして神は彼に答えられた」(サムエル記上七・九)と記している。

預言者と祈り

すべての預言者も、やはり、祈ることに絶えず精魂を傾けている。エリヤは、それゆえ、「イスラエルの主なる神は生きている、わたしはその前に立つ」(列王記上一七・一)と言った。注解書は、エリヤは祈りの中で神の前に立つことには慣れていると言っているのだと注記する。

サレプタの女の子どもが死んだとき、エリヤは神を呼んで、「わが神、主よ、子どもの魂をもとに帰らせてください」と言った。そして、聖書は「神はエリヤの祈りを聞かれた」(列王記上一七・二一、二二)と記している。

同様に、カルメル山において、エリヤはイスラエル全員をバアルの預言者と共に集めて、イスラエルに神がいることを示そうとしたとき、エリヤは神に近づいて言った。「アブラハム、イサク、ヤコブの神、主よ、あなたこそイスラエルで神であられることを知らせてください……わたしにお答えください、神よ、わたしにお答えください」(列王記上一八・三六、三七)

エリシャは多くの奇跡を起こしたが、タルムードは「エリシャはどんなこともすべてを、祈りを通してなした」と述べている。

ヨナが巨大な魚に呑み込まれたとき、聖書は「ヨナは魚の腹の中から祈った」(ヨナ書二・二)と記している。聖書は、また「ハバククの祈り」を載せている(ハバクク書三・一)。こうも書かれている。「(神は)正しい者の祈りを聞かれる」(箴言一五・二九)と。ミドラッシュは、これはイスラエルの預言者たちの祈りのことを語っているのだと注解している。聖書は、「もし、彼らが預言者であるなら……彼らを万軍の主に祈らしめよ」(エレミヤ書二七・一八)と記している。

イスラエルの王たちと祈り

ダビデ王は彼の生涯全体を費やして、祈りと嘆願、神への切なる求めに熱中した。詩編を作るのにふさわしい者となるまで、神の御前に自分の思いを言い表していた。

ソロモン王が神殿を建てた後に、神に祈ったことが書かれている。「ソロモンはイスラ

エルの全会衆の前で、神の祭壇の前に立った、そして（祈りの中で）両手を天に伸ばした」（列王記上八・二二）

ヒゼキヤ王が死の病にかかったとき、聖書は「ヒゼキヤは顔を壁に向けて、神に祈った」（イザヤ書三八・二）と記している。彼の祈りは長く記録されている。

捕囚以降の時代にも

ダニエルがネブカドネツァル王の夢を解釈するように命令されたとき、聖書は「ダニエルは家に帰り、仲間のハナニヤ、ミシャエル、アザリヤにこの事を告げ知らせ、この秘密について天の神に祈り求めた」（ダニエル書二・一七、一八）と記している。

その後、ダレイオス王は「今から三十日の間、だれでも（ダレイオス王以外の）人間や神に願い事をする者は、……すべて獅子の穴に投げ込まれるべし」（ダニエル書六・八）という命令を下した。ダニエルの反応が記録されている。「ダニエルはその文書が（王によって）署名されたことを知ったが、家に帰り、二階の部屋の、エルサレムに向かって開かれた窓の所で、以前から行なっていたように、一日に三度ずつ、膝をかがめて、神の前に祈り、かつ感謝した」（ダニエル書六・一一）

それから、ダニエルが獅子の穴に投げ入れられたとき、彼は熱烈に祈った。それゆえに、我々は「獅子の穴でダニエルに答えられたお方が私たちにも答えてくださるように」と唱えるのである。

ダニエルはエルサレムの滅亡についても神に叫び求めた。聖書は記している。「わたしはわが顔を神に向け、祈りと嘆願、断食、荒布を着、灰をかぶって神を求めた。私の主なる神に祈って、懺悔《ざんげ》して言った。『主よ、大いなる畏《おそ》るべき神よ……わが神よ、耳を傾けてください……』。このように私は祈った……」(ダニエル書九・三以下)

ハナニヤ、ミシャエル、アザリヤが火の炉に投げ入れられたとき、彼らが救われたのは、『ゾハル』(神秘主義の教典)に書かれているように、彼らが神に祈ったからである。それゆえに、我々は「火の炉の中でハナニヤ、ミシャエル、アザリヤに答えられたお方が私たちにも答えてくださるように」と唱えるのである。

エズラが同様に記している。「わたしはアハワ川のほとりで断食を呼びかけ、われわれの神の前に身をかがめ、真っ直ぐな道で神を求めた……それでわれわれは断食をして、神に祈った……そして神はわれらの祈りを聞かれた」(エズラ記八・二一、二三)

イスラエルの人々が異邦の女と結婚しているのを知ったとき、エズラは激しく叫んで言った。「ああ、神よ、わたしは恥じて、あなたにわたしの顔を上げることができません」(エズラ記九・六)。彼の祈りのすべては記録されている。

エステル記には、スサにおいてユダヤ人に対する皆殺しの勅令が出されたとき、モルデカイとエステルが大いに祈ったことが書かれている。

この後間もなく、大会堂の人々（紀元前五～三世紀のユダヤ教指導者。ハガイ、ゼカリヤ他）が公式の祈祷書を定め、おのおのが毎日、神に向かって捧げる祈りとした。

タルムードの時代（紀元後の時代）には、すべての賢者が個人的な祈りをいつもしていた。そうして、タルムードは、公式のアミダー（ユダヤ教で重要な十八の祈りのこと）の祈りの後に多くの賢者が唱えた（個人の）祈りを記録している。賢者たちは、また特別の場合のための祈り、たとえば旅の祈り（テフィラット・ハデレフ）などを作った。

賢者たちは、人が自分の穀物を計る前に唱えるべき祈りを定めた。それは「御心にかないますように。わが神、主よ、あなたがどうかこの穀物の上にあなたの祝福をくださいますように」という祈り。また、ある町に入る前には、人は「御心にかないますように。あなたがわたしをこの町に安らかに導き入れてくださるように」と唱えるべきだとした。このような祈り文を作った後に、賢者たちは「どうか、皆が終日祈りますように」と結んだ。

後に、多くの聖なる人々が祈りと賛美の詩を作った（それらはピユティームと呼ばれる）。同様に、アリ（カバラーの大賢者）とその弟子たちは非常に沢山の祈りを作った。

古き道を新たにたどる

バアル・シェム・トヴもやはり、絶えず瞑想に専念し、祈りの重要さを明らかにした。彼の教えを基にした作品の中に、我々はそれを見いだす。

ある弟子は次のように書いている。

瞑想するのに最適の時は、真夜中以降である。人は起きて自分の魂のために祈るがよい。魂は罪のゆえに、命の泉から遠くなっている。その時に、人は過ぎたことをすべて振り返り、そうして主人の前にひざまずいている僕のように自分の心を正直に話しなさい。

人は父親に話しかける子どものように、自分の祈りを言い表すべきである。その言語はその人が通常使っているものでよい。それならば、言葉は滞《とどこお》りなくしゃべれて、心の中の痛みを表現できるからだ。彼が犯したすべての罪に対して抱いている苦しみを言い表して、神の赦しと贖いを乞《こ》い求めなさい。

こうして『ゾハル』は教えている。「(エルサレムの)神殿が滅びて以来、我々に残っている唯一のものは祈りである」。人は、神に礼拝ができるように(神の)助けを求め、完全な心で神を畏れることができるように求めなさい。人はこのようにして長く祈る

べきであり、これこそがどんな断食よりも神の目に貴いのは明らかだ。（ジディホフのラビ・ツヴィ）

ラビ・ツヴィは、さらに、「人は、隠れて神と共にいて、瞑想しなければならない。人は、奴隷がその主人に語るように、また子どもがその父親に話すように、静かにおののきつつ、神に語りかけねばならない」と言った。

バアル・シェム・トヴの弟子全員がこの道をたどった。ついに、バアル・シェム・トヴの曾孫である、ブラツラヴのラビ・ナフマンは我らの父祖たちが常にたどっていたこの古き道を新たにした。彼は、野や森で、祈り、嘆願し、瞑想したが、だれよりも勝っていた。我々を啓発して、この道をたどる正しい方法を教えてくれたのは、ラビ・ナフマンであった。彼はその弟子たちに言った。「あなたがたの心を私に与えよ。そうすれば私は新しい道に連れて行こう。事実、その道は我らの父祖たちが常にたどっていた古き道なのだ」

凡例

一、本書での聖書の引用は、日本語の聖書と異なる点がある。ヘブライ語原文に忠実な原書のままに日本語訳を付した。ただし、ヘブライ語聖書にある神名の「主」が原書でほとんど一般的な「神」に変えてあるのは、神名の神聖さを冒涜しないようにとの配慮だと思われる。

一、原書は、タルムード、ミドラッシュ他のユダヤ文献やラビ・ナフマンの著書からの引用の出典箇所を注記しているが、それらの文献が日本語で入手しがたい点と翻訳文の簡潔さを考慮して、本書では引用の明示を省略した。

一、ラビ・ナフマンの主な著書は「ליקוטי מוהר"ן リクテイ・モハラン」という。大部分は、弟子のラビ・ナタンによる編纂。最近、英語翻訳版 Likutey Moharan が刊行された。これは入手可能である。

ラビ・ナフマンの瞑想のすすめ

1. 詩編と立ち帰り

もし人が神に立ち帰ることを願うならば、詩編（テヒリーム）を唱えることを習慣としなければならない。詩編を唱えることは人を神に連れ戻す力のある特別な実践である。

立ち帰りには五十の門がある。そのうち、四十九はだれでもが通ることができ、それより向こう側に近づくことのできる門である。しかし、五十番目の門は、いうならば、神ご自身の立ち帰りの門である。立ち帰りという概念は、神についても当てはまると見られる。なぜなら、神は言われた。「わたしに立ち帰れ。そうすれば、わたしもあなたたちのもとに立ち帰る」（マラキ書三・七）

四十九の門は、イスラエル十二部族のヘブライ語の名前にある四十九文字(1)に匹敵する。したがって、立ち帰りの一つ一つの門は部族の名前の中にある文字に結びついている。だれでも人は、神の畏《おそ》れを経験したいという内なる願望をもつ。しかし、だれもが神に立ち帰るのにふさわしいわけではない。たとえ、人が立ち帰りたい内なる目覚めをもったとしても、人は自分に属する文字と門にたどり着くことができないかもしれない。また、立ち帰りの門に着いたとしても、その門は閉じているかもしれない。それゆえに、人はだれもが立ち帰りにふさわしいとは限らない。

しかしながら、もし人が詩編を唱えるならば、たとえその人が神に立ち帰る願いをもっていなくても、そのような願いが内に目覚めてくる。詩編を通して、人は自分に属する門と文字にたどり着くのにふさわしく、門を開けるのにふさわしい者になり得る。それゆえ、詩編を通して、人は真実に神に立ち帰るのにふさわしくなり得るのである。

このことは、次の聖句にほのめかされている。ダビデ王は自分自身をさして、「軛《くびき》を高く挙げた人……イスラエルの麗《うるわ》しき歌びと」（サムエル記下二三・一）と呼んだ。タルムードは言う、ダビデが「軛を高く挙げた人」と自らを呼んだのは、彼が悔い改め、すなわち神への立ち帰りの軛を高く挙げた人だったからである。しかし、彼が悔い改めの概念を高く挙げたのは、特に彼が詩編を作って「イスラエルの麗しき歌びと」となったからだ。詩

（1）イスラエル十二部族のヘブライ語綴りは以下のとおり。
ראובן、שמעון、לוי、יהודה、יששכר、זבולון、יוסף、בנימין、דן、נפתלי、גד、אשר

編を通して、人は神に立ち帰ることができるようになった。

タルムードはまた教えている。ダビデ王は偉大な聖人であったので、バトシェバ事件などに関係するはずはなかった。神がそれを起こしたのだ。あらゆる人に、いかにして悔い改めるかを教えるためである。

ダビデ王は、したがって、悔い改めの模範になった。ところで、ダビデ王が悔い改めのために開いた主な方法は、詩編であった。彼は詩編を霊と悟りで作ったので、だれでも人は詩編の中に自分を見つけることができる。詩編を唱えることによって、人は神に立ち帰るのにふさわしい者となることができる。

前に言ったように、立ち帰りの四十九の門はイスラエルの子ら（イスラエル十二部族の祖先となる）の名前の四十九文字に匹敵する。十二部族が十分に清められて、四十九の立ち帰りの門に近づいたのは、エジプトで起こった。

ヘブライ語でエジプトとは、ミツライム מִצְרַיִם という。ミツライムという名詞から、メツァル מֵצַר という語が連想される。その意味は、「喉の狭いところ」である。

イスラエル人はエジプトにおいて清められて去ることができたあと、シナイ山でトーラーを受け取るまでに四十九日の日を数えた。これはオメル（過越し祭の二日目から日数を数えるしきたりがある）の四十九日である。前に言ったように、四十九の文字、四十九の立ち帰りの門に相当する。
エジプトを出てから五十日目に、「神はシナイ山に下られた」（出エジプト記一九・二〇）。これは、神が「わたしはあなたがたの元に帰ろう」（マラキ書三・七）と言われたことに関連している。神ご自身の立ち帰りである。いわば五十番目の立ち帰りの門である。
これらすべては次の聖句にほのめかされている。「ヤコブと共に、おのおのその家族を伴って、エジプトへ行ったイスラエルの子らの名は次のとおりである」（出エジプト記一・一）
「（エジプトへ）行ったイスラエルの子らの名は次のとおり」のヘブライ語の原語は、

ואלה שמות בני ישראל הבאים

この句の単語の末尾の文字を並べると、**התילם**。これはヘブライ語の「詩編」という**תהלים** テヒリームに並び替えることができる。

「ヤコブと共に、おのおのその家族を伴って、エジプトへ」の原語は

מצרימה את יעקב איש וביתו

この聖句の単語の末尾の文字を並べると、**התבשו**。これはヘブライ語の「悔い改め、立ち帰り」という**תשובה**を綴ることができる。

この教訓は、詩編を通して人は立ち帰りにふさわしい者になることができるということ

だ。このことが「これがイスラエルの子らの名である」に暗示されている。四十九の立ち帰りの門が、清められるためにエジプトにやって来たイスラエルの子らの名の中の四十九字に相当する。

したがって、我々も知るように、悔い改めの期間、たとえばエルルの月（西暦の八月頃）や、悔い改めの十日間（新年と贖罪の間の日々）などに、詩編を朗唱するのはユダヤ人の間の習わしである。前に言ったように、詩編を唱えることは人を悔い改めに導く特別な実践である。したがって、詩編をたえず唱えることはとても偉大なことである。詩編は、神に大きく目覚めさせてくれる源である。この方法を把握した人は幸いなるかな。

多くの人々は、神に立ち帰ることのできる、悔い改めの特別な門にどのようにして、たどり着けるかがわからない。しかし、詩編を唱えることによって、人は自分の魂に適した悔い改めの門にたどり着くことができる。

レッベ（本書ではラビ・ナフマンのこと。以降同じ）の言葉から、彼が論じている四十九の門とは神に立ち帰る四十九の方法のことであると思われる。一人一人の魂のルーツに従って、人には特別な道があり、特別な礼拝の仕方があって、それによって神に立ち帰ることができる。このことをレッベは論じているのである。彼はその教えをこのように説明した。「この世にある人間は、真っ暗闇の夜に旅している人のようだ……どの道を歩めばよいか、わからないでいる」。そして、すべての者が自分の魂のルーツに関係する特別な道を発見するのにふさわしいとはいえない、と説く。

これに関して、ダビデ王は叫んで言った。「どのようにして、若者は歩む道を清めるべきでしょうか。あなたの御言葉にしたがって、守ることです」（詩編一一九・九）。レッベは、詩編を唱えることによって、神はその人に知恵と理解と知識をくださることを明らかにした。それによって、人は自分の魂のルーツに従って自分に適した特別な道を見つけることができる。そして、人は神に全く立ち帰るために何をしなければならないかを悟るであろう。

2. 瞑　想

瞑想は、すべての道のうちで最高のものである。したがって、人は部屋の中か野外において自分一人で瞑想するために、毎日一時間かそれ以上を取っておかなければならない。瞑想は、神との会話より成るべきだ。人はその創造者の前に自分の言葉を注ぎ出すことができる。それはいろいろの不平泣き言でも、弁解でも、恵みを求める言葉でも、あるいは受けいれることでも、服従の思いでもよい。人は、神が自分を身近に近づけてくれるように、そして真実に神に仕えることを許してくれるように、乞い願わねばならない。

人と神との会話は、その人が日常使っている言葉でするのがよい。ヘブライ語は祈りのために好ましい言語であろうが、人がヘブライ語で自分の思いを表現するのはむずかしい。さらに、人がヘブライ語を語るのに慣れていない場合は、その人の心は言葉に付いていけない。

しかし、人が通常話している言語では、自分を表現するのは非常にやさしい。心はそのような言語に一層近く、人はその言語に一層慣れているので、心はそれに従う。したがって、人は自分の母語を使うときに、自分の心の中にあるあらゆることを表現できて、それを神に語ることができる。

人の神との会話は、悔いることや悔恨《かいこん》より成っていてもよい。神に近づくのにふさわしい者となり、今日より真実に神のもとに来られるように、祈りと願いをすることができる。おのおのは、自分のレベルに従って、神に語るべきである。

人はそのような瞑想に、一日に少なくとも一時間を費やすことが習慣になるよう注意深くあらねばならない。そうすれば、一日の残りは、喜びと法悦のうちに過ごせるだろう。

この実践は、極めて力強く、効力がある。神に近づくのに極めて有益な実践である。すべてを含む、普遍的な実践である。

たとえ、人が自分と神との関係には何かが欠けていると感じていても、神との会話は可能であるし、神に助けを求めることができる。たとえ、人が神との関係からまったく離れていた場合にも、このことは真実である。

神に向かって語ることが不可能に感じるときが、人には何度もあるものだ。自分の口が封印され、そして言うべき言葉が何も見つけられない。しかしながら、人が努力をして、そのために神と語る備えができたと感じるだけでも、その事実は非常に有益である。人が試みてみて、そして神と語る用意が整ったにもかかわらず、語ろうと望んだにもかかわらず、それができないことがある。この事自体もやはり、非常によいのだ。

この事自体から、実際、人は会話と祈りができるようになる。人は、神からあまりに遠く離れているので話すことすらできませんと、神に叫ぶべきである。神が憐れみをかけて、自分の口を開かせてくださいと、人は神に懇願すべきである。そうすれば、神の御前で自分自身を表すことができるようになろう。

多くの偉大な聖者は、高い霊的なレベルにこの実践を通してのみ達した、と述べている。賢い人なら、この実践が絶えずより高いレベルに至ることを悟るであろう。さらに、大きい者も小さい者も同様に用いることのできる普遍的な実践である。だれもがこの実践を利用できて、最も高いレベルに達することができる。それを把握した人は幸いなるかな。

教訓《レッスン》を通して祈りをすることもよいことだ。したがって、人は真実な聖なる人からトーラーの教訓を聞いたならば、それを祈りにすることである。レッスンにおいてあらゆることをじっくり考え、そしてそれを達成するにふさわしい人間になれるよう神に祈るべきである。人は、自分がそれを達成するにはいかに遠く及ばないかを神に語るべきである。そしてレッスンにおいてあらゆることを達成するのを助けてくれるよう神に懇願するのがよい。

もし人が知性と真実の願望をもっているならば、神は真実の道に彼を導くであろう。そして、人は自分の目標にどのようにして達するかを理解するだろう。美しい言葉と真実の論拠をもって語り、神に近づかせくださるよう訴えるだろう。

神との会話という概念は、極めて高度な霊的レベルに向かっている。これは、トーラーのレッスンから祈りをするときに、特に真実である。これは高きところに大いなる喜びをもたらす。


もし人がトーラーの教訓を祈りにしたいならば、レッベの著書の中にある教えをもってするように努力されたい。だれもが自分自身を発見できる教えである。

時は速やかに過ぎ去る。祈りと嘆願を通してする以外に、永遠なる方に至る道はないのである。この主な実践はこの昔ながらの道であり、それはトーラーの教訓を祈りに変える新しい道である。

人は、自分がこの道からほど遠いと感じるかもしれない。しかし、そうではない。「それはあなたに、はなはだ近くあってあなたの口にあり、またあなたの心にあるから、あなたはこれを行なうことができる」（申命記三〇・一四）。たとえ人が語りだすことが全くできないとしても、何度も試されてきて、すでに非常に助けになった方法は幾つかあるものだ。

3. 瞑想と泣くこと

詩編や、嘆願、祈りについて語り、瞑想と神の御前におのれを言い表すことについて語ってきた。もし人が真実な全き心をもってそれらを語りつつ、子どもが両親の前で泣くように神の御前に泣くようになるなら、それはよいことである。

しかし、人が詩編や、嘆願、祈りを唱えながら、無理に泣くように努力するなら、それはよろしくない。むしろ、それは精神を混乱させて、そのために真実の瞑想的な状態で祈りを唱えることができなくなる。

人がなにか嘆願や祈りをしているとき、人はすべての外の思いを振り捨てて、神の御前に語っている言葉のみに精神を集中しなければいけない。あたかも、友に語っている人のようになるべきである（出エジプト記三三・一一の意訳）。

もしそうするならば、その心は自ずと真実の涙をもって泣き始めるであろう。もし人が無理に泣こうとするならば、正しいあり方には至らずに失敗するだろう。人の瞑想はまさに混乱してしまう。

人が自分は泣きだすと思うことすらも、これは余分な考えであって、精神の焦点をこわしてしまうだろう。それで、自分が語っていることを聞くことができなくなる。大事なことは、神の御前に真実に語ることである。精神の中にそれ以外の思いはまったく、もたないことである。もし人が泣くのにふさわしいならば、それはよい。そうでなければ、よくない。人は自分の瞑想とこれとを混同してはならない。

4. 一語を繰り返すこと

毎日、瞑想し、神の御前に自分の思いを言い表すことはとても重要である。もし人がまったく語れないならば、一言でも言うべきである。これはとてもよいことだ。もし人が一言でも言うことができるならば、精神的に強くあって、その言葉を繰り返しなさい。何度も何度も、数え切れないほどに。その言葉をもって瞑想に何日でも過ごすことができる。そして、それもとてもよいことだ。

もし人が根気強く、その言葉を数え切れないほど繰り返すならば、神は憐れみを覚えて、その人の口を開いてくださる。それゆえに、人は自分の思いを言い表すことができるようになろう。

話すことは、非常に大きな力をもっている。そのことを知っているならば、人は銃に向かって一言を発して、弾を発射しないようにできるのだ。このことを理解しなさい。

人が一日中瞑想に費やすならば、それは偉大なことだ。しかしながら、すべての人ができるわけではない。それゆえ、毎日瞑想に少なくとも数時間を費やすのは義務である。人の精神が強く、自分に神の軛《くびき》を負いたいと願うならば、一日全部を瞑想に費やさねばならない。このことはタルムードの語録がほのめかしている。「人が一日中祈りだけに過ごすならば……」と（ベラホット21a）。

5. 新しい道を切り開く

瞑想の中で自分自身の思いを神の御前に言い表すことに、もう一つ有利な点がある。すでに作られた祈祷書の祈りや嘆願を唱えて、瞑想することはできる。しかしながら、人の瞑想状態を壊そうとしてそれを攻撃する軍勢が、そのような祈祷書の道に隠れている。それは、その軍勢がその道をよく知っているからである。

よく知られた公道のようなものに似ている。盗賊や殺人者たちがこの道を知っているので、不用心な者を道沿いに待ち伏せすることができるのである。しかし、もし人が新しい道を切り開くか、まだ知られていない道を行くならば、悪意をもった者が道の脇に待ち伏せすることはできない。

同様に、人が神に向かって自分自身の思いを言い表すとき、その人は新しい道を進み、新しい祈りを作っているのである。したがって、その人は否定的な軍勢に出会うことはないであろう。

とはいえ、人は他にもある（定まった）祈りや嘆願をまた自分の瞑想の一部としなければならない。

6. 心を開くこと

話すことは、人を霊的に覚醒させる大きな力をもっている。

時々人は、自分には心がなく、瞑想状態に至ることができないと考えることがある。それにもかかわらず、もし人が目覚めさせる言葉、嘆願や祈りの言葉を多くしゃべって自分自身を言い表すならば、この話すこと自体が啓示をもたらし、瞑想の力と自分の魂を覚醒させるだろう。

これが「彼が語ったとき、わたしの魂は出て行った」（雅歌五・六）の意味である。それは、話すことが魂と心の啓示であることを示している。

よくあることだが、人が神に向かって非常に多く語るときに、本当の瞑想状況でなくても、人は瞑想の力と自分の魂の大きな啓示に到達することができる。これは、話すことそれ自体が大きな力をもっているからである。

7. ぎりぎりまでの瞑想

神の御前での本当の瞑想と本当の自己表現は、自分の身から魂が抜けでて死ぬばかりに感じるまでやったときに実現する。そのとき、その人の魂は一本の髪の毛ほどで肉体に結びついているだけだ。それは神に向かって大きなあこがれと願いを抱いているためである。タルムードはこのことについて語っており、「人の祈りは、おのれの魂を両手の中に置かなければ、天の高みにおいて聞かれることはない」と言っている。

人が瞑想するとき、彼は神に助けられる。すると、人が友に向かって話すように、神の御前に自分の思いを言い表すことができる。人は、ちょうど自分の師や友とするように、神と会話することに慣れなければならない。「(神の)栄光は全地に満つ」(イザヤ書六・三)、そのように神はあらゆる場所で見いだすことができるのだ。

8. 自己完成

人はだれでも、大いなる者も小さき者も、瞑想によらないでは自己を完成することはできない。

レッベは多くの聖人について語り、そのすべての人が瞑想を通して高い霊的レベルに到達したのだと言った。

ある時、レッベはバアル・シェム・トヴの孫である一人の素朴な人のことを語った（訳注・ラビ・ナフマン自分自身のこと）。この人物は、たえず涙をあふれさせて泣きながら神の御前に自分の思いを言い表していた。レッベは、バアル・シェム・トヴの子孫については特にあてはまると説明した。なぜなら、バアル・シェム・トヴ自身がダビデ王の子孫であったからである。ダビデの礼拝の流儀は、あらゆる時に神の御前に悔いた心で出ることだった。これが、彼の作った詩編の基礎である。

9. 真夜中の祈り

「真夜中の祈り」（ティクン・ハツォット）において、人は瞑想の中でするように、心の中にあるあらゆることを言い表すことができる。真夜中の祈りは神殿崩壊について嘆く祈りであるけれども、単に過去を物語っているのではない。真夜中の祈りを唱える主なる理由は、現在起こっていることのためである。したがって、真夜中の祈りを言うときには、人は祈りの言葉の中に自分の心の中にあるすべてのことを発見することができる。

同じことが、詩編を唱えるときにあてはまる。ここでも、人はそれぞれの詩編の中に自分を見なければならない。これは、他の標準的な祈りや嘆願についてもあてはまる。非常に容易に、何ら強制された解釈なしに、すべての祈りと嘆願の単純な意味の中に人は自分を見いだすことができる。

このことはとりわけ詩編について真理である。詩編は全イスラエルのために語っており、おのおの個人を含んでいる。人は自分の衝動といかなる戦いをなそうとも、それはすべて詩編の中に表現されている。

詩編がありふれた戦いについて語っているように見えたとしても、詩編全体は第一に悪しき衝動（יֵצֶר הָרָע イェツェル・ハラア）およびその軍勢との戦いを語っているのである。これらは人の真の敵であり、人を命の道から逸《そ》らせ、最も深い落とし穴に引きずり込むことができる、もし人がそれを避けようと注意深くしていなければ。

詩編の全巻が書かれたのは、このことに関してである。したがって、神に近づく第一の道は詩編や他の祈りを唱えつつ、瞑想し、神の御前に自分の思いを言い表すことにある。この戦いに勝つ唯一の方法は、何が起ころうとも、強く雄々しくあって、絶えず神に向かって祈り続けることだ。そうすれば人は確実に、この大きな戦いに勝利するであろう。幸いなるかな、その人は。

レッベの言葉から、神への多くの道がその著書の中に論じられていたが、それらのほとんどは従うのがむずかしいことを我々は知った。それゆえ、おのおのの最も重要な道は、祈りの道である。どんな状況であれ、どのような仕方であれ、はっきり声に出して、神に、闇から光に導いてくれるよう、そして真実の悔い改めに至るために助けてくださるように頼まなければならない。

人は答えを得るまで、祈りを止めてはいけない。たとえ、長い時間神に呼びかけても、まだまだ神からずっと遠いと感じたときも、強くあって自分の祈りにしっかりと固着し続けるべきである。そうすれば、神が最後には自分に答えてくださることを確信することができる。そして、神は身近に寄り来たり、人は真実において神に仕えることができるようになる。これは絶対に確かなことであって、どんな疑いもあり得ない。

我らの賢者たちは「祈りは強められることが必要だ」と教えている。詩編に「神に祈れ！強く、かつ雄々しくあれ。神に祈れ」(詩編二七・一四)(原文は「主を待ち望め」)とあるように。ラッシー(中世の聖書注解者)は、この意味は、人の祈りが聞かれないならば再び祈らなければならないと説明している。人は、神が見下ろして見てくれるまで祈り続けよ。それゆえ、「イスラエルよ、今からとこしえに神を待ち望め」(詩編一三一・三)と書かれている。

このことを何度か語ってきたけれども、それでも毎日繰り返し繰り返して言わなければならない。私たちは確固として、神の御許に少しでも近づけてくださるよう絶えず神に祈ることが必要だと、何千回も繰り返して言わなければならない。

「天にいます神に向かって、手をあげ、心をもあげよう」(哀歌三・四一)

「神は御自分の民を捨てず、御自分の嗣業を見捨てられない」(詩編九四・一四)

「神の慈しみは絶えることがなく、神の憐れみは尽きることがない」(哀歌三・二二)

10. 孤立

人は瞑想し祈るときには、他の者の声が聞こえるのはよろしくない。いかなる他人の声も聞いてはならない。他人が側近くに居ることを意識すらしてはいけない。祈りと瞑想のあいだは、人は自分自身と神以外は何も存在しないかのように、思わなければならない。

レッベは言った。人は祈りのあいだ、自分を無にして、自分のことすら意識しないようであれと。人の全意識は、神の思いだけであるように。

11. 単純さ

レッベは、庶民の信徒の単純な礼拝をとても好んだ。

多くの機会に、レッベは、気をつけて安息日の賛歌（ズミロット）を歌いなさいと語った。安息日の食卓や安息日を終えるときに、自分たちは洗練された人間だから安息日の歌を歌わないと考えている人たちに、レッベはひどく立腹した。

同じことは、他の素朴な礼拝についても言えた。ユダヤ教の本質は、単純さと純然たる無邪気さにある。洗練された上品とはほど遠い。

レッベが命を取られる病にかかる前に、彼はしばしば安息日の食卓で、また安息日を終える時に、賛歌を歌ったものである。

12. 学び

ある時、ひとりの男がレッベに尋ねた。「神に近づくためには、どんな実践をしたらいいでしょうか」。レッベは、トーラーのいくつかの題材を学ぶようにと言った。すると、彼は、自分にはそれを学ぶ能力がありません、と答えた。すると、レッベは、祈りを通してだれでもあらゆることを成就することができる、と教えた。祈りを通して、人はすべての善きことを得ることができる。学ぶこと、礼拝をする力、聖別、その他霊の世界に存在するすべての善きことを。

ある時、レッベは言った。「もし人が死から甦《よみがえ》って、祈るということがあれば、その人は全力をもって祈るのは間違いない」

13. 密　着

祈りの主要な概念は、神への密着（דְּבֵקוּת デヴェクート）である。

このゆえに、日常語を使って礼拝することがいろいろな点で優れているだろう。人が普段しゃべっている言語で祈るとき、その人の心は、祈りの言葉にとても近くにあり、言葉に密着することができる。これを通して、人は自分自身を神に一層近く密着させることができるであろう。

しかしながら、大会堂の人々はヘブライ語での礼拝の祈りの順序を定めた。そして、私たちはそのヘブライ語でそれを朗誦しなくてはならない。

それでもなお、大事なことはそれらの（祈りの）言葉の単純な意味に精神集中することである。これが礼拝の主要な概念である。礼拝で、私たちはすべてのことを神に祈る。これを通して、人は神との神秘的な密着を達成することができる。

もし、人がヘブライ語を母国語として話すならば、言葉の意味を心に理解する努力は特に必要ではない。むしろ、口にしている言葉に注意するだけでよい。これが祈りのあいだ、気をつけなければならない主要な焦点（כַּוָּנָה カヴァナー）である。

まことに偉大な聖徒（ツァディク）の場合、アリの書物に見いだされるカバラー的瞑想のすべてが、（祈りの）言葉の単純な意味に含まれていた。彼らにとって、言葉の単純な意味は、カバラー的瞑想を含むことができた。

14. 励まし

レッベは、自分の所に来て、悩みを訴える人たちをいつも励ましていた。その人たちの訴えは、真の祈りから遠く、祈ることがとてもむずかしいという悩みだった。レッベは、彼らが落胆しないように、出来る限りあらゆる方法で励まし、慰めた。

レッベはしばしばこう言ったものである。「自分が礼拝式の言葉を唱えるに値するという事実に、人は慰めと喜びを見いだすことができる」

（訳注・ユダヤ教の会堂での礼拝は祈祷書に沿って行なわれる。礼拝に参加するだけでも喜びを感じるようにとの勧告であろう。以下で、その時に祈りの儀式に気持ちが乗らない人への悩みに答え、完璧にできなくてもよいと励ましている）

私はあるとき、感情をもって祈ることがむずかしいと訴える、単純な人とレッベとが会話しているのを見たことがある。レッベはその人に言った。「あなたは、祈祷のなかで、『バルーフ・シェアマール』の前までの備えの祈りだけを、感情をこめて祈るだけでよい」
（朝の祈りの最初のほうの部分でよい、という勧め）

一般的に、人は、一度に全礼拝を完全になそうとして自分自身をまごつかせてはいけない。むしろ、適切な集中力をもって少し唱える努力をしていくべきである。明らかに、礼拝のうちの少しの部分なら集中することが、いつでも可能である。それから、少しずつ他の部分を加えていけばよい。

レッベの書物の他の箇所では、大概の場合、人は全礼拝を正しく朗誦できるものではない、ほんのわずかな部分だけだ、と説明している。これは、人はだれでも正しく朗誦できるのは、自分の霊的状況に関連する礼拝の部分のみだからである。それゆえ、「手のマスターもあり、足のマスターもある」と言われる。

人はだれでも自分の霊的状況に関連する礼拝の部分は正しく朗誦できるので、たとえ礼拝の一部分しか正しく精神集中できていないと知っても、落胆してはいけない。時々、よく集中できることもあろう。だが、突然、くずれてしまって、どんなに努力しても正しく礼拝できないことがある。前にも言ったように、時には、これは当然のことである。

したがって、そんな場合、礼拝の残りを**全く単純に**唱える努力をしたらよい。このことを通して、適切な注意力をもって礼拝の残りを唱えることができるよう、神はその人を助けて目覚めさせるであろう。

たとえ人が礼拝の全体を通して霊的な覚醒ができなかったとしても、すんだことはすんだことだ。もしその人ができるなら、熱烈に精神統一をして詩編か他の選択自由の祈りを唱えてみるのもよい。

人はだれでも、自分の欠点を気づいているものだ。それゆえ、人は自分が祈りの概念——それはとてつもなく高い——からはなはだ遠いことに気がつかなければならない。どのようにして、礼拝のそのような高いレベルにふさわしい者になることができるのだろうか。したがって、人は各々自分のパートを尽くそうとのみしなければならない。自分の言っていることに注意を集中させて、礼拝の言葉を**全く単純に**唱えるのがよい。大概の場合、そうすると、自動的に適切な集中力と注意力が備わり始めるだろう。

どこかで、レッベは述べている。人はたとえ霊的な密着をして祈るのにはふさわしくない時でも、また自分の祈りがたどたどしくても、自らを励まして祈らなければいけない。特にそのような時には、全力を傾けて、精神を全く集中して祈るように自らを励ますことだ。霊的な密着をもって、すらすらと祈ることにふさわしい者になったとき、適切に朗誦できた祈りと共に、他のすべての祈りをも高めることができる。

このことはモーセの言葉にほのめかされている。「わたしは、そのとき主に願って言った」(申命記三・二三)

また別の箇所で、レッベは言っている。祈りに情熱や感情が欠けているときがある。そのような時にも、人は自分自身の感情を目覚めさせて、言葉を心の中で火のように燃え立たせなくてはいけない。

人は時々、自分自身を煽《あお》って、怒りだすことができる。人々はそれを見て、「やあ、あの人は自分を怒りに委ねている」と言う。人は祈りのあいだ同様なことをしなさい。自分自身を煽って、自分の祈りの中に感情を持ち来たらせなさい。

情熱は最初は無理に起こそうとするかもしれないが、次第に本物になっていくだろう。心は神への賛美で燃え上がるだろう。そして、人は本物の祈りを体験するのにふさわしい者となるだろう。

15. 場所

時に人はある特定の場所において、悔い改めの思いを抱き、神への渇望を持つことがある。まさにその場所において、人は悔い改めの思いと神への渇望をもって自分を励まさなければいけない。つまり、祈りの言葉を数語唱えるか、自分の霊的な渇望や求めを――その時の状況に合わせてだが――言葉で表現するがよい。ひき延ばしたり、その場所を離れたりしてはいけない。

たとえその特定の場所が格別に祈りを導きやすくなくても、このことは真実である。人はシナゴーグあるいはトーラー研究の家に居るのでなく、道を歩いていたときにも、そのような思いや感情が湧くことがある。しかしながら、一旦その場所から移動すると、その思いを妨げて、それを失うことがあり得る。

レッベ自身が以上のようなアドバイスを実行しているのを何度も見ている。

16. 詩編の中に自分を発見すること

人が詩編を唱えるときに大事なことは、一つ一つの詩編を自分のために唱えることである。

詩編が戦いについて語っているように見えても、詩編における戦いは、各人がしなければならない悪しき衝動およびその軍勢との戦いである。

ある人がレッベに尋ねた。人はどのようにして、ダビデ王が自身を称えている詩編を自分のものと同一視することができますかと。たとえば、「わたしの魂をお守りください。なぜならわたしは聖徒だからです」（詩編八六・二）のように。

レッベは答えた。人は、そのような詩編であっても、それを自分と同一視しなければならないと。自分に対して大目に見ることをして、どんな長所や取り柄が自分にあるかを探さなければならない。このようにすれば、だれでも聖徒になり得るものである。

それから、レッベは聖書がヨシャファト王について語っている箇所を説明した。「ヨシャファトの心は主の道に高められた」（歴代誌下一七・六）。もし人が神の道を歩んで、神に仕えることを欲するならば、自分の心をある程度まで高めなければならない。

レッベは、またこうも言った。礼拝の儀式の初めに、我々は「自分たちは何者か？ 自分たちの人生は何であろうか……」と祈る（朝の祝祷の中）。そこでは、自分を卑下している。それから次には、「しかしわたしたちはあなたの契約の子です」と告白する。それから、我々は一層自分たちを強め、自分たちの偉大さを語る。「わたしたちは神の民です、アブラハム、イサク、ヤコブの子らです」と。

これが神にお仕えするときに、常にしなければならないことである。

17. 自分の思いを注ぎ出す

親の前で願いごとをする子どものように、神の御前に自分の思いを注ぎ出すことはとてもよいことである（詩編一四二・三参照）。

神は、私たちを神の子と呼んでくださる。聖書に「あなたたちはあなたたちの神、主の子らである」（申命記一四・一）とあるように。したがって、子どもが自分の父親に（物をせがんで）訴えて困らせるように、神に向かって自分の思いや悩みを言い表すことはよいことである。

人は、自分はとてもたくさん悪いことをしてきたので、もはや神の子ではない、と思うかもしれない。それでもなお、神は常に彼を自分の子と呼んでおられることを忘れてはならない。わたしたちは、「良かろうが悪かろうが、あなたたちはいつでも神の子らと呼ばれている」（タルムード・キドシン36ａ）と教えられている。

人がもし、自分の心を目覚めさせて自分の目から涙が流れ出るまで、まるで子どもが父親の前で泣くように、お願いをすることができるならばとてもよいことである。

ラビ・ナタン（ラビ・ナフマンの一番弟子）は、ある書簡の中で、次のエレミヤ書の聖句を論じている。

「エフライムは　わたしのかけがえのない息子
喜びを与えてくれる子ではないか。
わたしは彼について語るごとに、
彼のことを必ず思い起こす」（エレミヤ書三一・二〇）

ミドラッシュは、「喜びを与えてくれる子」が二、三歳なのか、それとも四、五歳なのかという議論を、例に引いている。

その注解はこう書いている。聖句は、二、三歳と言っていると主張する人たちによれば、子どもは幼いので、数少ない未熟語か意味も半分しか通じない表現でしか話せないと。それにもかかわらず、両親は子どもの言葉を喜び、子どもの願いを満足させようとする。

四、五歳だという意見によれば、聖句は両親にはっきりと欲しい物を伝えることのできる子どものことで、両親はその要求を満たしてやれるのであると。

その意味がはっきりしないにしても、私（ラビ・ナタン）はその聖句の言葉はもっと深いものだと説明し、大きな励ましを得た。レッベは、私たちに、毎日神と会話をしなければならないと語り、このミドラッシュから多くの力をいただいたと言った。

この教えから、人は神の御前に全く話すことができなくて、自分の思いを表現することができなくても、それでもその人は神の御目には貴い、ということを私たちは知る。人が二、三歳の子どものようにわずかに片言の言葉しか話せなくても、これは真実である。時には神はその人を助け、四、五歳の子どものように、その人はもっとはっきりと自分の思いを表現できるようになる。

それゆえに、人々が神に話そうと努力することは、神の御前にとても貴いことである。エレミヤ書の「わたしは彼について語るごとに」は、また「わたしの話すことが彼の内にあれば十分だ」とも訳せる。ここから、話し言葉の力はとても大きいのでその力を文字には記せないことを、私たちは知る。それで、それをわずかの数語の中にほのめかすのみである。

このことから、神の御前に話すことと瞑想とのうちに自分自身を強めることが大切なことは理解できたと思う。もちろん、神の御前にはっきりと話すことがベストであるが、はっきりと話すことができないにしても、二、三歳の子どものように片言の言葉でも神の御目にはとても貴いのである。

18. 幸福と悔恨

人は一日中幸せに思っているときは、一日のある時間を悔恨《かいこん》の心で神の御前に自分の思いを言い表すことは、たやすい。しかし、意気消沈しているときには、瞑想をして神に向かって話すことは非常にむずかしい。

19. 真の悔恨

悔恨は、悲しみや意気消沈とは少しも関係がない。意気消沈は悪の側からやって来るもので、神はお嫌いになる。これに反して、悔恨の心は、神には大層愛《いと》しく、貴重である。一日中、悔恨の心、砕けた心であるのは、とてもよいことであろう。しかし、普通の平均的な人間にとっては、これが意気消沈に簡単に落ち込むことがある。

それゆえに、人は毎日ある時間を悔恨のために取っておかなければならない。毎日定めたある時間に、悔恨の心で神の御前に瞑想するのがよい。その日の残りは、喜ばしくなるはずである。

20. 意気消沈と悔恨は違う

意気消沈は、怒りや腹立ちに似ている。神への苦情不満に似ている。なぜなら神が自分の願いを聞いてくれないと思うから。

これに反して、悔恨は、子どもが自分の親に向かって頼み込むときの感情に似ている。その人は、親が遠くにいると言って、泣いて訴えている赤ん坊のようである。

21. 悔恨の喜び

真の悔恨の後には喜びが来る。真の悔恨のしるしは、後になって本当に嬉しくなるときである。

22. 日毎の瞑想

毎日定めた時間に瞑想し、反省すべきことを反省できるためには、人は「人格（魂）が」よく成長していなくてはならない。

すべての人がこれをするのにふさわしくなっているわけではない。光陰は矢のごとく過ぎ、時は流れる。人生の終わりが来て一度も、自分の人生の意味について考える時を持たなかったことに、人は気がつく。

それゆえに、人は自分の人生を静かに省みるために、必ず毎日のある時間を取っておかなければならない。自分が今何をしているのかを考えて、それが自分の献身しようとすることにふさわしいかどうかを熟考したほうがよい。

23. 寝床で瞑想

ダビデ王は、瞑想において極めて卓越していたので、詩編を作ることができた。ダビデ王が瞑想をした主なる時間は夜で、寝床《ベッド》においてであった。他の人から隠れて見られないところで、彼は神の御前に自分の心を注ぎ出していたのである。彼は言った。「毎夜、わたしは寝床の上で涙して瞑想します」（原書訳）（詩編六・七）と。

このダビデ王のやり方に従う人は幸いなるかな。なぜなら、それはすべてのうちで、最高のものだからである。

レッベは、また次のような考えを話し合った。人が毎夜眠りに就くときに、神に自分の思いを言い表すのがよい。そして、神に近づいて神を拝するのにふさわしくなれるよう祈るべきであると。もし彼の心が固くて、神に話しかけることができないならば、神から大層遠いことを嘆き悲しみ呻くがよい。そうすれば、神はその人を神により近づくのにふさわしい者となしてくださるであろう。

24. 神を征服すること

タルムードは言う。「征服された時に喜び給うお方に賛美を歌え」（ペサヒーム119ａ）と。これは、人が神を征服しなければならない時があることを示す。

人は、自分の罪のせいで神に拒絶されていると感じるかもしれない。しかし、たとえ、自分が神の御心を行なっていないと感じたとしても、人は強くあって、神の憐れみに頼るべきである。神の御前に両手を広げて、神が憐れんでくださるよう、そして真実に神に仕えさせてくださるように願うがよい。

神に拒否されているように感じても、なお「それは関係ない！　わたしはユダヤ人でありたい！」と叫ばなければならない。

これは、人が神に打ち勝つ方法である。神は、このように打ち負かされたとき、非常に喜ばれる。

このように神が喜ばれた結果、神は人がご自身を征服することができるように、人に言葉を送ってくださる。それなくしては、単なる血肉〔人間〕が神を征服することは明らかに不可能であろう。神が人を助けたときに限り、それが可能となる。

25. 神の関心

人が神に向かって話したいと願って、神の御前に自分の思いを言い表すとする。神に仕えるために近づけさせてくださいと懇願するとき、すると、たとえて言えば、神はあらゆる関心事を脇に置かれるようになさる。神は、御自分がもたらしたいと願っている災いの定めも投げ捨て、御自分の他の仕事もうっちゃっておかれる。思いを言い表して、そのように神に懇願する人に、神はまさにその人のためだけに顔を向け給う。その結果として、イスラエルはすべての災いの定めから救われるのである。

26. 良い知らせ

人は良い知らせを聞くと、それが人を助けて詩編を唱えることができるようになる。

27. 詩編と聖なる息

人が詩編を唱えるとき、それはあたかもダビデ王が詩編を唱えているかのように偉大なことである。

ダビデ王は、神の霊感で詩編を書いた。ヘブライ語で、これは רוּחַ הַקֹּדֶשׁ ルアッハ・ハコッデシュという。それは「聖なる息」とも訳すことができる。

この聖なる息は、今もなお詩編の言葉の中にある。それゆえに、人が詩編を唱えるとき、彼自身の息がその言葉の中の聖なる息を呼び覚ます。よって、人が詩編を唱えるとき、あたかもダビデ王がそれらを歌っているかのごとくである。

人が病気ならば、神にだけ頼ることはとても有益である。詩編を唱えることが自分を助けてくれるという信仰をもつべきである。

信仰は支えであり、つえだ。ちょうどつえに寄りかかることができるように、神に寄りかかり、頼ることができる。ダビデ王も、「神はわたしの支えなり」(詩編一八・一九)と言った。ダビデは、ちょうど物質のつえのように神によりかかることができた。トーラーは、争って傷つけられた人について語っている。「もし起き上がって、つえにすがり、外を歩けるようになるならば、これを撃った者は許されるであろう」（出エジプト記二一・一九）。これは、信仰のつえによって人が癒やされることを示す。

こういう句がある。「エッサイの株から一つのつえが出る」（原書の直訳、イザヤ書一一・一）。この句はメシアのことを語っている。そのメシアはダビデ王の子孫である。彼は信仰のつえを握るお方である。

また、こういう句がある。「わたしたちの鼻の息、主のメシア（油注がれた者）」（哀歌四・二〇）。メシアによって用いられた癒やしのつえは、ダビデ王が詩編の中に置いた聖なる息を通して現れるであろう。

メシアの時代について、こう書かれている。「多くの日の間、エルサレムの広場には、再び老いた男、老いた女が座するようになる。おのおののつえを手に持って」（ゼカリヤ書八・四）。この聖句から、タルムードは、義人がメシアの時代に死者を甦《よみがえ》らせるという教えを引き出した。義人のつえは、エリシャがシュネムの女の子どもを甦らせようとしたつえである。「わたしのつえを子どもの顔の上に置きなさい」（列王記下四・三一）。このつえは、信仰の癒やしのつえである。

冬は受胎の時、夏は出産の時。冬にはあらゆる植物や草が死ぬように見える。それらの力は消えてしまう。そして死んだもののようである。しかし、夏が来ると、それらは目覚め、生き返る。

こう書かれている。「イサクは野で瞑想するために（לָשׂוּחַ ラスアハ）出かけた」（創世記二四・六三）。タルムードは、この瞑想とは祈りのことだと教えている。夏が始まると、野で瞑想するのにとてもよい。人が切なる思いとあこがれで神に祈ることのできる時である。

瞑想と祈りは שִׂיחָה スィハーである。野の灌木は שִׂיחַ スィアハである。このように、野の灌木が命を回復し生長し始めると、それらは祈りと瞑想の中に入れられるようにあこがれる。

このようなわけで、イサクは特に野で瞑想した。彼の祈りは野の灌木と共にあった。あらゆる灌木が彼の祈りに力をもたらしてくれた。

28. 野の歌

もし人が野の草の歌を聞くにふさわしくあったらどんなに素晴らしいか。草の葉一枚一枚が神に向かって歌っている。何の秘めた動機もなく、何の報いも求めずに。草の原の真ん中でその声を聞いて神を礼拝することは、もっとも素晴らしいことだ。

瞑想の最も良き場所は、草の育つ野の中だ。そこで、人は神の御前に真実に自分の思いを言い表せるであろう。

瞑想の最も良き場所は、町の外の草原の中だ。人は草の多い野の中で瞑想するのがよい。なぜなら草が心を目覚めさせてくれるからだ。

29. 一本の糸

大波が天にまで届くようにも逆巻く嵐の海の真中に、あなたは自分がいると想像してみよ。わずか一本の糸でつながっているだけで、どうしたら自分自身を救ったらよいかわからない。神に向かって叫ぶことすらできない。あなたにできることは、やっと神に向かって目と心をあげることしかない。

瞑想して、そして神に向かって叫ぶ時にはいつでも、そのような心の状態に自分を置くのがよい。あなたの魂の深くにおいて、この世で至るところに存在する大いなる危険に気づくようになる。

30. 陰府《よみ》の腹の中

ある時、私はレッベが病床にあるとき、彼の前に立っていた。レッベは、言った。「大きな学びは、『陰府《よみ》の腹の中からわたしは叫んだ』（ヨナ書二・三）ことであった」と。

人は自分自身の評価をあまりに低くして落ち込むことがある。そんな時、我ら［レッベとラビ・ナタン］の忠告を自分には全く関係ないと思ってしまう。そうすると、その人はまるで「陰府の腹」に陥った人のようになる。神に向かって十分に叫んだ、それでも、何の役にも立たなかったと感じる。そのような否定的な考えはまったく人を圧倒してしまう。

しかし、それは絶対に真実でない。人がどんなに低く落ち込んでいても、レッベの学びはすべての人にあてはまる。

31. 特別の実践

自分のなした霊的損傷を修復するために、おのおのの人が守らなくてはならない特定の実践がある。それはそれぞれの魂のルーツに従って、あるだろう。

しかしながら、毎日自分の母語で瞑想と神の御前に自分の思いを言い表すという実践は、すべての者に共通したものである。ユダヤ人ならだれでも、毎日これを行なわなければならない。

もう一つの普遍的な実践は、『シュルハン・アルーフ』（ユダヤ法をまとめた基本法典、一五世紀のラビ・ヨセフ・カロが編纂）を毎日勉強することである。

32. 混乱

確かに、瞑想はしないけれども高徳な人は多い。しかし心の内はそういう人も混乱と狼《ろう》狽《ばい》をしている。もしメシアが警告もなしに突然に彼らを招集することがあるとすれば、彼らは混乱して狼狽するであろう。

人が休息がとれた眠りから覚めると、その人の心は平静でリラックスしている。これが、メシアが来たときに、瞑想をしている人の姿である。混乱も狼狽もしない。

33. 熱　望

あなたの心は神に強く引きつけられるべきである。そうすれば、あなたが人々の中にいるときにも、あなたは神に対して大きな情動を感じるだろう。神に向かって両手と心を高くあげて、そして深い熱望と熱烈な感情をもって、神に叫ぶ。「わたしを見捨てないでください、主よ、わが神よ」（詩編三八・二二）

レッベがこれを語ったとき、大きな感情と深い熱望をもって、両手を高く挙げた。そして、この聖句を唱えた。

34. 意気消沈と砕けた心の違い

意気消沈と砕けた心とはまことに大きな違いがある。人は心が砕けたときに、群衆の真ん中に立ちながらも、振り返って「世界の主よ……」と言うことができる。レッベはこのことを話すと、大きな感情をもって両手を高くあげた。そして、「世界の主よ……」と言った。

35. 蜘蛛《くも》の巣

あなたは、巨大な壁を打ち破ろうとしている戦士に似ている。ところが、壁に近づくと、道に蜘蛛の巣がはってあるのが見えた。もしあなたが道をふさぐ蜘蛛の巣のせいで負けて退き戻るならば、最も愚かな人間であろう。

この比喩は明らかだ。重要なものは、**話し言葉**である。それを用いなさい。あなたは、あらゆる霊的な戦いに勝利するだろう。

瞑想しながら思うことはできる。しかし、最も重要なことは、話し言葉であなたの思いを言い表すことである。

このたとえは、非常に重要な教訓を教えてくれる。神に話しかけることを、あなたはむずかしいと思うかもしれない。しかし、そのむずかしさは全く些細《ささい》なことだ。そう思うのは、愚図ではにかみ、また胆力の欠如を示している。

あなたの内なる悪との大きな戦いに勝ち抜くために、あなたの話し言葉（話す能力）を使うことである。もう勝利は目の前にある。まさに、あなたの言葉で壁を壊そうとしている。門はパッと開くばかりだ。

あなたは、単に恥ずかしがっているので、話さないのですか。そんなちょっとした妨げのせいで、尻込みしてしまうのですか。

あなたは、まさに壁を打ち壊そうとしている。蜘蛛の巣によって、思いとどまってしまうのか。

困難な問題をもっている者は、毎日二時間は瞑想に費やすべきである。一時間は沈黙を保ち、神に話しかける準備をするがよい。一旦その人の心が目覚めるならば、次の一時間は神との会話ができるようになる。

36. すべての物を祈り求めよ

あなたは、すべての物事のために祈らなければならない。もし着る物が古びて裂けたなら、またそれを買い換えるお金がないならば、神に新しい物のために祈りなさい。また同様に、他の物のためにも祈りなさい。こうして、あなたのすべてのニーズ――大きいことであれ、小さいことであれ――のために祈るのが習慣となるだろう。

もちろん、主なる祈りは重要な物事のためにしなければならない。神があなたの信仰を助けてくれるよう、そして神に近づくのにふさわしい者となれるよう祈りなさい。それでもなお、あなたは、いと小さいことのためにも祈らなければならない。

あなたが求めなくても、神は食べ物や衣服、その他あなたが必要とするあらゆる物を与えてくださるだろう。しかし、それではあなたは動物に似ている。「神はすべての生き物に食物を与え給う」(詩編一四七・九)、神は求められなくても与える。同様に、神はあなたにも与え給う。しかし、もし祈りを通して生きるための必要物を得るのでなければ、あなたは野の獣のように受け取っていることになる。人間は生きるための必要物をすべて、祈りを通して受け取らなければいけない。

ラビ・ナタンはこう語った。

ある時、私はある些細な物をちょっと必要になったので、そのことをレッベに申し上げた。すると、レッベは「それを神に祈りなさい」と言った。

私は、そんなつまらぬ物のためにも神に求めて祈らなければならないと聞いて、全く驚いた。特にその時の場合、本当に必要な物かどうかもわからないほどの物だった。

私の驚きを見て、レッベは「すると、なにかね、小さな物のために神様に祈るのは、自分の威厳にかかわるのかね？」と問いただした。

重大な教訓《レッスン》は、人はどんなに小さな物であろうと、あらゆる物のために祈らなければならないということである。

37. 落胆しないように

たとえ、多くの歳月が過ぎ去り、自分の言葉で何も成し遂げられなかったと思われても、その実践を断念しないように。あらゆる言葉は効果を残す。「水は石をすり減らす」（ヨブ記一四・一九）とある。石の上にしたたり落ちる水は何の効果も与えないように見えるかもしれない。にもかかわらず、我々が実際見ることのできるように、長い年月の後には、水は石に穴をうがつことができる。

あなたの心は石のようかもしれない。そして、あなたの祈りの言葉はそれに何らの効果も残さないように思われるかもしれない。にもかかわらず、多くの歳月が過ぎ去るとともに、石のような心ですら貫通することができる。

38. 感謝の詩編

安息日の前の午後の祈り（ミンハー）を導くために「ホドゥー」（詩編一〇七編の別称）を唱えるのは、ハシディズムのしきたりである。この詩編を唱えるとき、あなたは心を悔い砕かれて、神の御前にあなたの思いをすべて言い表すことができる。だれにでもわかるこの詩編は、魂の悩みについて語っており、神に向かって叫んで救われるにはどうしたらよいかを教えてくれる。

39. 特別な場所

トーラーの学びと祈りのために特別な部屋を取っておくことは、とてもよい。そのような部屋は瞑想と神との会話のために特に有益である。

そのような特別な部屋に座ることは、とてもよい。たとえあなたがそこに座っているだけで何もしなくても、雰囲気そのものが有益である。

もしあなたが特別な部屋を持っていないとしても、それでもあなたは瞑想と神との会話をすることができる。

あなたは、自分のタリート（祈祷衣）を用いて自分用の特別な部屋を作ることができる。あなたのタリートをあなたの眼の前にたらして、あなたの望むように神と会話しなさい。

また、あなたは寝床の上で（シーツをかぶって）瞑想することもできる。これはダビデ王の習慣だった。「毎夜、わたしは寝床の上で瞑想をしている……」（詩編六・七）とあるように。

また、あなたは本を開いて座っているとき、神と会話することができる。他の人には、あなたがただ勉強をしていると思わせたらよい。

あなたが瞑想し神にあなたの思いを言い表すことを真実に願うならば、それを成し遂げる方法はいくらでもある。何回も語り合ってきたように、そのことが、他の何物よりも、聖と悔い改めの根源であり基礎である。瞑想する方法はいろいろあるが、最も良い方法は特別の、人目に付かない部屋で瞑想することである。

40. 沈黙の叫び

あなたは「静かなる細き声」（列王記上一九・一二）で、大声で叫ぶことができる。この音のない「静かなる細き声」で、他の人にあなたの声を聞かれずに、叫ぶことができる。だれもこのことはできる。心の中でそのような叫び声を想像しなさい。声が響くようにあなたの想像の中で叫び声を描きなさい。あなたが、文字どおり、音のない「静かなる細き声」で叫んでいる状況になるまで、それをし続けなさい。

あなたが心の中でこの叫びを描くと、その音は実際にあなたの頭脳の中で響いているのである。あなたは人が多数いる部屋に立っていてもこのようにして叫ぶことができる。そしてだれもあなたの声を聞かないだろう。

時々、そうしているとき、幾つか音が唇から漏れることがあるかもしれない。あなたの神経の中で響き渡っている声は、あなたの発声器官を刺激することがある。多少の音を生むかもしれない。ただし、それはとても微《かす》かなものだ。

このように言葉を出さないで叫ぶのは、とても容易である。もしあなたが言葉を言い表したいならば、心の中の声を抑えて音を少しも漏らさないようにするのは、もっとむずかしい。言葉なしなら、もっと容易である。

41. 信用貸し

店主は、あなたに取り置き購入計画で物を売ってくれる。その際、商品代価は予め支払っておいて、物は後で受け取る。

霊的な商品について同じようにしたらどうか。少しの善い行為をすること、少しの詩編を唱えること、トーラーの少しの言葉を学ぶこと。そして、それを取って置いて、あなたが霊的な商品を必要になったとき、すぐ用意できるように。そうすれば、後の日にこの功《く》徳《どく》を利用することができるだろう。あなたは、善い行ないですでに前払いしたのである。

42. ガルバナム香

祈るために、自分自身を励ましなさい。あなたがどんな者であれ、自分を励まして、頑固になって、神に祈ることができる。もしやる気が失せたら、次のように瞑想しなさい。

「私は、自分の多くの罪のせいで神から遠い。それはそうだ。でも、もしそうなら、私なくして、完全な祈祷はあり得ない。タルムードは教えている。イスラエルの罪人を含まないあらゆる祈祷は、本当の祈祷ではないと。

祈りは香《こう》を捧げるようなことだ。ところで、トーラーは、香料はガルバナム（ヘブライ語で חֶלְבְּנָה ヘルベナ）を含むように要求している（出エジプト記三〇・三四）。ガルバナムはそれ自体、悪臭を放つにもかかわらず。

だから、私が自分自身を罪人だと考えていても、私はあらゆる礼拝に必須の成分なのだ。私なくして、完全な祈祷はあり得ない。

罪人なる私は、神に祈るためになお一層自分自身を強めねばならない。そして神の憐れみによって神が私の祈りを受け入れてくださることに信頼せねばならない。私はこの祈祷を完成させる者――香の中のガルバナムである。

ちょうど悪臭を放つガルバナムが芳《こう》ばしい香の不可欠の成分であるように、同じく私の汚れた祈りも全イスラエルの祈祷の重要な成分である。私の祈りがなければ、すべての礼拝は不完全である、ちょうどガルバナムの無い香がそうであるように」

レッベは、ある時、若い結婚した夫たちについて語った。彼らは夫婦関係において正しく聖別しなかったので、そのことで自分たちの礼拝は乱されていると思っていた。自分たちは汚れており、祈ることがむずかしかった。

レッベは、私たちにこんな理由で失意落胆しないようにと警告した。レッベは言った。「過ぎたことは過ぎたことだ。あなたが祈るとき、他のすべてを忘れなければいけない。過去に何が起こったにしても、今あなた自身を強めて、きちんと祈ることだ」

レッベは、これがアッバ・ベニヤミン（三〜四世紀のユダヤ賢者）の言葉の意味することだと言った。その言葉とは、「わたしの祈りがわが寝床に近くあるように……わたしは気にかけている」。「寝床」はここでは夫婦関係を意味する。アッバ・ベニヤミンは言った。

「わたしの祈りはわが寝床に近くあるべきである。わたしの『寝床』を離れた直後でさえ、まったく乱されることなく、祈りができるようでありたい」

43. 地上の天国

人が規則正しく、そして真実に瞑想し、神の御前に正しく自分の思いを言い表すのにふさわしい者であるというとき、それは素晴らしいことだ。野や森の中で瞑想するのにふさわしいならば、特に結構である。そのような人は一歩一歩進む毎に、地上において天国の味を味わうことができる。

人がそのような瞑想から帰ってきたとき、全く新しい光で世界を見ることができる。世界は全く新しく見えるだろう。その人が知っていた同じ世界でないように思われる。

44. 自由意思

レッベがラビ・ナタンに、瞑想と祈りによって神は人をご自身に一層近く導かれると語ったとき、ラビ・ナタンは質問した。「しかし、それは人の自由意思を奪うことになりませんか」

レッベはそれには直接答えないで、「それでもなお、人は祈らなければならない」とだけ言った。レッベはこう言いたかった。それは説明するのにむずかしくとも、神に仕えるのには神の助けを祈らなければならないと。実際に、祈祷書にある公式の祈りについても同じ質問を問うことはできる。アミダー（祈祷書の主要な祈り）の祈りに、「我らの父よ、あなたのトーラーに我らを帰してください……」と神に向かって求めている。

45. 新しい始まり

神の御前に瞑想しているとき、「今日、私はあなたに結びつくことを始めます」と言うことはよいことである。

あなたが瞑想するときはいつでも、新しく始める思いでするがよい。あらゆる持続する行ないは、その始まりに強く依存する。哲学者ですら、「何をしようとも、始めることはすでに（事の成就の）半分の価値がある」と言った。

それゆえに、どんなことでも、人は常に新しく始めるがよい。もし前の礼拝がよかったならば、次はさらによくなるだろう。もしよくなったというならば、なお一層新しく始めるべきである。

46. 子どもらしい単純さ

ウマンの町で新年（ローシュ・ハシャナ）を祝ったのは、それはレッベの死の少し前であった。彼の孫イスラエル（娘サラの息子）が連れられて訪ねてきた。三歳か四歳の頃の、とても幼い子どもであった。レッベは、その時結核を患っていたため、スコット（仮庵《かりいお》の祭り）の中頃に世を去った。

レッベは、孫のイスラエルに言った。「私のために神様に祈っておくれ。そうすれば再び私は元気になるだろう」

子どもは言った。「おじいちゃんの懐中時計をぼくにください、そうすれば、おじいちゃんのためにお祈りします」

「おや、もうこの子は奇跡を起こす専門家になったよ」と、しゃれて言ってレッベは喜びの声を上げた。それから、子どもに時計を与えた。

子どもは（時計をにぎって）お祈りをした。「神さま、神さま！ おじいちゃんを元気にしてください」

そこにいた大人たちは、くすくす笑い出した。レッベは皆の笑いをさえぎって、言った。「これこそが人が神に祈る祈り方だ。違う風にどうして祈ることができようか」

レッベは、祈りとは全く単純であれ、親の前にいる子どものように、あるいは友に語っている人のように、と教えていた。

47. 世界の主よ

あなたが瞑想するとき、「世界の主よ（רִבּוֹנוֹ שֶׁל עוֹלָם リボノー・シェル・オーラム）」という言葉しか言えないとしても、それはとてもよいことだ。

レッベは、人が瞑想しているかいないかは、すぐ見分けがつく、と言った。

48. いろいろの教訓

ある時、レッベは自分の弟子たちに、瞑想は毎朝と毎夜一度ずつはしなさいと言った。

別の時に、レッベは弟子の一人に、瞑想している際にため息をついているかどうかと尋ねた。その弟子がハイと答えると、レッベはさらに尋ねた。「心の最も深い奥から、そうしているかね」。それから、こう言われた。「私は、瞑想中に、ため息をつくことがしばしばあるよ。手を机の上に置いていたならば、しばらくは手を上げる力が出ないほどだ」

ある時、レッベはラビ・シュムエル・イサク（初期からの弟子）の衣を胸のあたりでつかんで、言った。「この少々の血のゆえに、あなたはこの世と次の世を失うこともあり得るよ」レッベは、悪しき衝動（イエツエル・ハラア）の座と言われる心臓の血について話されていたのである。レッベはそれから、なお続けて言った、「あなたが血を清めるまで、そしてその中にある悪を征服するまで、神の御前にため息をつき呻きなさい。そうすれば、あなたはダビデ王と同じレベルに達するだろう。ダビデ王はよく言ったものだ、『わたしの心はわがうちに傷ついています』（詩編一〇九・二二）と」

ある時、レッべはラビ・ヤアコブ・ヨセフ（ラビ・ナフマンの末娘の婿）に、神に仕えることについて話した。レッべは次のたとえ話を彼に語った。

ある王が王子を遠方のいろいろの国に送って、知恵を学ばせた。王子が帰ってきたときには、彼はあらゆる分野の知恵に十分に精通していた。そこで、王は王子に言った。石臼サイズの大きな石を見せて、「それを取り上げて、王宮の屋根裏部屋（通常、倉庫）に運び上げるように」と。

王子はその石を見て、自分にはそれを持ち上げる力の無いのを悟った。それは大きな、重い丸石だったからである。彼は父親の頼みを成就することができないので、非常に悲しく思った。

すると、王は王子に自分の本当の意図を解き明かした。「おまえは、わたしがこの大きな丸石を運ぶように欲したとほんとうに思うのか。おまえの学んだすべての知恵をもってしても、それはできないだろう。私の意図は、こういうことだ。まず、おまえはハンマーを持ってきて、この大石を小さな部分に砕く。そうすれば、その石全体を屋根裏部屋に運ぶことができるだろう」

レッベは、次のように説明した。神は私たちに「天にいます神に向かって、手と共に心をも上げる」（哀歌三・四一）ことを欲しておられる。しかしながら、私たちの心は大きな重い石に似ていて、どんなことをしても持ち上げられない。そこでしなくてはならないことは、言葉のハンマーを取り上げて、石のような心を割り砕くことである。そうすれば、手も心も神に向かって上げることができるようになる。これを理解せよ。

ある時、レッベは瞑想と同様に、詩編や他の祈祷を唱えることにどのくらい人は一生懸命にすべきかを話していた。すると、ラビ・ユーデル（ラビ・ナフマンの初期からの弟子）が質問をした。「どうしたら、人は心を得るのでしょうか」。彼は、人はどのようにして、自分の言葉が心を本当に目覚めさせることができる者となれるかと問うていたのである。

レッベは答えた。「あなたは、ツァディク（ハシディズムの指導者、義人）のだれかから、心を本当に目覚めさせてもらえると思うか。大事なことは、あなたの口をもって何を言うかである。あなたは、あなたの口をもって多くの祈りと嘆願を唱えなくてはならない。そうすれば、心の目覚めは自然とやって来るであろう」

（訳注・ラビ・ナフマンは人間のツァディクよりも、神に直接導かれることを重視し、人は自分自身がツァディクになれると教えた）

レッベの多くの弟子のある一人が若かったとき、レッベは彼に、瞑想中に自分の体の一つ一つの部位に向かって話しかけたらよい、と言った。おのおのの部位に対して、体のすべての欲望はいかに無意味なものであるかを説明することだ。あらゆる人の運命は死であり、体は墓に運ばれる。そうなれば、体のすべての部位は腐るであろう。レッベは、彼にこのように体のおのおのの部位に話しかけよと教えた。

しばらくこの行ないを試した後、その弟子はレッベに訴えた。体が自分の論理や言葉を聞いてくれないと。

レッベの答えは、「しかっりやり続けなさい。あきらめてはいけない。あなたは、やがて言っている言葉の結果を見るであろう」であった。

弟子は師の忠告を聞いて、教えられたとおり実行した。やがて、彼が自分の体のそれぞれの部位に語りかけると、その部位は全く麻痺《まひ》して、力も感覚もなくなった。実際、手指とか足指とか、そのような外側の部位の場合に見られた。しかし、心臓のような重要な内部の器官には、それが活力を失わないように、彼はほとんど話しかけなかった。

ある時、友人と話し合っているときに、こんなことを語っていた。この現実世界はつまらぬものだ、体に関わるものには意味がないと。すると話の途中で、彼は突然気を失った。大変な努力の末に、やっと彼は息を吹き返した。

彼はそれからこう語った。レッベの忠告の結果として、自分が神の罰あるいは世の終わりについて話すときにはいつでも、体のあらゆる部位（足の指の先まで）がそれを感じる。そういうレベルに達した。体のすべてで、すでに死んで葬られ、腐りはじめるのを感じる。死なないためには、自分自身を強めて、内なる器官を特別に激励しなければならない。

レッベは多くの人々に言った。みんなの体というものは粗雑な物で、この世の欲望に取り囲まれている。それで、自分の体によく言い聞かせて、わからせなければいけないと。自分の体に向かって、人生の聖なることや人生の目的を話してやらなければいけない。人は、また自分自身にもよく言い聞かせて、完全にあきらめないように自分を励ましなさい。

ある時、不満を言うかのように、ラビ・ナタンはレッベにダビデの詩編を引いて言った。「わたしは叫び続けて疲れています。わたしの喉は渇いています。わたしの目は神を待ちわびて衰えました」（詩編六九・四）

するとレッベは軽く両手を挙げて、とても優しく言った。「だから、どうしたらいいのかね」

レッベはよく言っていた。神は面倒を見てくれないと、神を疑うことは禁じられているのは明らかで、神は間違いなく正しい、と。

それから「あなたは悟らなければいけない、ダビデ王が『叫び続けて疲れて、喉は渇いています』と言ったのは、文字どおりの意味なのだ。ダビデは神に向かってそれほどはげしく呼び続けたので、疲れて、喉がかれてしまったわけだ。しかし、あなたはどうなのか？まだ十分な力が残っているではないか……」

49. 祈りという武器

あなたの主要な武器は祈りである。あなたは多くの戦いを戦わなければならない。その戦いとは、悪しき衝動との戦い、あなたが神に仕えるのを妨げようとする他の多くのものとの戦いである。祈りで、あなたはすべてを征服することができる。

もし聖を求めたいと願うなら、あなたは多くの祈りと神との多くの会話をしなければならない。これが、あなたが戦いに勝利する主要な武器である。

あなたは多くの日々、長い年月のあいだ祈り瞑想したかもしれない。それでもなお、神から遠いと感じているかもしれない。神があなたから身を隠されたと、あなたには思われるかもしれない。しかし、それであなたは誤解して、神があなたの祈りを、瞑想を聞かれないと考えてはいけない。あなたはこう信じよ。神は聴いておられて、一つ一つの祈りのあらゆる言葉に注意を払っておられ、ただの一つの言葉も宙に消えることはないと。

しかしながら、一つ一つの言葉は、それが神の憐れみを呼び起こすまでに天に少しの印象をしるすだけである。したがって、建物が完成してそこに入れるまでには長い時間がかかる。

あなたが愚かでなければ、年月が過ぎていっても、失望落胆しないであろう。むしろ、いよいよ祈りに励むであろう。あなたの多くの祈りの結果として、神は御愛を示してくださる。神はあなたの方に向いて、あなたのすべての願いを成就して、あなたを輝かしてくださる。

時々、あなたは神の助けを得たり、神に近づいた思いをしたりするかもしれない。しかし、これができたのはあなたの祈りや善い業《わざ》のおかげだと勘違いしてはいけない。すべての善い業は神から来る。我らの賢者は、それゆえに、神の次の言葉、「だれがまずわたしに与えて、その報いをわたしから受けようとするのか」（ヨブ記四一・三）を次のように解釈している。神は、「わたしが家を与える前に、だれがわたしのためにメズザを作ることができるというのか」と言われているのと同じだと（訳注・メズザは、家を建ててからその玄関口に設置する。順序が逆である）。神の憐れみがなければ、人はどんなに祈っていても、悪に溺れる。

50. 命の力

命の力は、もっぱら祈りを通して得られる。「神への祈りはわたしの命」（詩編四二・九）とあるとおりである。祈りを通して、人は三つの創造世界に命の力をもたらすのである。すなわち、低い世界、天文の世界、霊の世界に。この低い世界の草の葉一枚ずつを、育っていくよう監督しているのが星々である。その星々に指図しているのが天使たちである。祈りを通して、人は天使の力を元気づける。我らの賢者は、それゆえ、「地上のどんな草の葉にも、それに触って育つように命じる星や天使が必ず付いている」と教えている。

祈りを通して、いわば、人は天にいます父に支援を与えるのである（創造の目的を成就することで）。人がこのことを行なうのに応じて、神もその人に支援と生活の手段を与えられる。

このことは、「彼らは神の証を守った。そして神は彼らにホック、חק を与えられた」（詩編九九・七）という聖句にほのめかされている。「彼らは神の証を守った」は祈りを指す。

その祈りを通して、我々は神が唯一であることを証する。その結果、「神は彼らにホックを与えられた」、ここでホックとは食べ物や生活の手段を指す。

祈りを通して、人は自分の定められた伴侶を見つけることもできる。


さりながら、人が祈るとき、無関係な思いが湧いてきて、悪が彼の周りを包み込んでくることがある。そのため、人は暗闇の中に取り残されて、自分の祈りに集中できなくなる。これに対する救済法は、人の口から出る言葉が真実であるように注意することである。すると、真実に人の口から出る言葉――それを通して、人はその陥っている闇から抜け出る道が備えられる。そこで、よく祈るのにふさわしくなる。

それゆえに、祈るときや瞑想をするとき、たとえ大きな暗闇と混乱が周囲のあらゆる方向から取り囲んでいるために、何も物が言えない場合にも、なお、何を言おうとも、それを真実に語ろうと注意深くあるべきである。たとえば、「神よ、私を助けてください」と言うとき、それを真実に言うべきである。彼が口にしているすべての言葉についても。

たとえ、人が自分の言葉に熱情を込めることができないとしても、最低でもしなくてはならないことは、彼の口にしている言葉が純粋にその言葉を意味することである。真実は彼を照らして、神の助けで、適切に祈り、瞑想することができるようになるだろう。

このことを通して、人は霊的な世界すべてを修復し、支えることができる。また、彼は、他の人々のために、扉を開いてあげることもできる。それは他の人々を悔い改めに導き、彼らが陥っている罠《わな》から逃れるのを助ける意味である。

51. 自分の必要《ニーズ》のために祈れ

あなたは、いつでも、あなたの必要とするものは何でも祈る習慣をつけなさい。それが、生計の手段であれ、子どものことであれ、病める人を癒やすことであれ。あなたが何を必要とするとも、あなたの第一の行動プランは祈りであるべきだ。そのためには、あなたはすべてのものに恵み深い方である神に信頼するがよい。「神はすべてのものに恵みを与える」（詩編一四五・九）とあるとおりだ（訳注・ヘブライ語では טוֹב לַכֹּל トーヴ・ラコル、すべてに善い good to all）。神は恵み深く、それが癒やしであれ、生活の糧であれ、他の何であれ、あなたが必要とするもの何でも支援してくださる。

もし、あなたがこのことを信じるならば、あなたの主要な努力は神を巻き込むことであろう。他の手段を探さないであろう。いずれしろ、それ以外の手段はしばしば助けにならない。たとえ、本当に助けてくれる手段があるとしても、それは分からないし、通常、間に合わない。神を呼ぶことは、世界の中のあらゆるものを求めるのに申し分なく良く、役に立つ。あなたはいつでもこの手段を使うことができる。なぜなら神は常に応じてくださるからだ。

《完》

解説――ユダヤ教の「瞑想」について

［英語版翻訳者］ラビ・アリエ・カプラン

「瞑想」に相当するヘブライ語はヒトボデドゥート（התבודדות）という。この言葉は千年以上にわたってユダヤ教の文献の中で、この意味で登場し、ユダヤ教の瞑想のあらゆる形式に対して用いられている。しかしながら、その言葉がほとんどの人々に思い浮かび結びつくのは、まず第一にブラツラヴのラビ・ナフマンに対してである。

瞑想の多くの形式がユダヤ教の聖徒や神秘家によって用いられてきた。豊穣な古代文献は、イスラエルの預言者が高い霊的状態に達するために瞑想をどのように用いたかを伝えている。同様な方法はタルムード時代にも多分用いられたであろう。瞑想状態に至るために、何度も神の名を繰り返し唱える方法も用いられた。

他の学派は『創造の書（セフェル・イエツィラー）』にある瞑想法を用いた。それは神の名の文字を利用し、呼吸を整えたり、特殊な頭の運動をしたりすることを伴った。しかしながら、この学派の師匠たちが警告するように、これらの方法は極めて強力であるが、危険でもあった。

『ゾハル』の発刊は、もう一つの瞑想法への道を開いた。それは統一法 Unifications（イエフディーム）を含む。聖なる名を瞑想し、それを綴る文字を用いる方法である。神秘的な状態に導入するだけでなく、個性 personality を統一し、統合するのを助ける瞑想法である。イエフディームの方法は特にカバラーのサフェド派によって好まれ、アリ（ラビ・イツハク・ルリア一五三四〜一五七二）の神秘主義の基礎を成している。しかしながら、これらの瞑想法は普通の人間のためのものではない。また、適切な準備なしには、心を極端に害するおそれがある。

瞑想の古代における方法は、公式の祈りを用いた。バアル・シェム・トヴの最も重要な業績の一つは、瞑想の安全な方法として祈りを用いることであった。それは、どんなに素朴な人でも、用いることのできる方法である。バアル・シェム・トヴが教えたように、祈りによる道は、通常の祈りの儀式、あらゆるユダヤ人が日に三度唱える祈り以外には何も含んでいなかった。

ユダヤ教の礼拝儀式の焦点は、アミダーの祈り、すなわちシュモネー・エスレー（十八の祈祷）である。それは毎日、三度繰り返される十八の祝祷を集めたものである。これは、預言者の時代が終わる直前に、大会堂（Great Assembly）によって形づくられた。なぜ一つの祈りを毎日、繰り返して唱えるよう定められたのかという問いが、かなり論じられてきた。しかしながら、アミダー全体は瞑想の手だてとして用いられるよう意図されたとの証拠がある。

人が数年間でも毎日アミダーを唱えた後には、その中の言葉を熟知してしまうので、言葉は自身の体の一部分のようになる。それらの言葉を朗唱するのに、もはや精神的努力を要しなくなる。したがって、一つの語あるいは句を何度も何度も繰り返しているかのように思える。人が心の中から他のすべての思いを除いて、アミダーの言葉にのみ集中するならば、その祈りは極めて高い瞑想の境地に導くことができる。これは実行してみればわかる。日ごとに唱えられる礼拝の他の祈りも、同様に役立つ。

タルムードは、初期の聖者たち（ハシディーム・リショニーム）がアミダーを朗唱するのに一時間を費やしていたと記している。アミダーはおよそ五〇〇の単語を含んでいるので、一つの単語をだいたい七秒ごとに唱えていたことになる。体験によって、そのようなペースで朗唱していけばアミダーの最初の部分ですら高い瞑想状態に誘引することが、証明されている。

重要な教えに、タルムードが「祈る者はその目を下に、その心を高きに向けなければならない」と述べている。重要な注解者の一人、ラビ・ヨナ・ゲロンディ（一一九六〜一二六三）は説明して言った。「この意味は、心の中で人は天に立っていると想像することだ。心の中から、すべてのこの世の喜びや肉の愉楽を滅却しなくてはならない。初期の聖者たちは、もし真の集中（カヴァナー）を得ることを願うならば、人はその魂からその身体を脱がなければならない、と教えた」

数十年後に、偉大な律法家、ラビ・ヤアコブ・ベン・アシェル（一二七〇〜一三四〇）が、その著書『ツール』においてもっとはっきりと表現した。「聖者や行ないの人」について語っている箇所で、彼はこう書いた。「彼らは瞑想し（ヒットボデッド）、肉体的なものから自由になる域に到達するまで、祈りに集中した。超越的な霊は彼らの内で、預言のレベルに近い段階に達するまで強められた」。この文章はラビ・ヨセフ・カロ（一四八八〜一五七五）もその著『シュルハン・アルーフ』（この書物はユダヤ律法の標準法典である）に、文字どおりに引用している。

祈りの儀式を瞑想の手段に用いるという発想は、バアル・シェム・トヴから始まったものではない。しかし、バアル・シェム・トヴは、最も偉大なカバリスト（カバラ神秘主義者）から最も素朴な庶民に至るまで、だれでも使える方法として、祈りの方法を教えた。カバラーの概念に集中するよりも、人は祈りの単語に心のすべてを集中させて、それらの言葉を全意識に満たすようにする。すると、一つの段階から次の段階に上り、ついに深い瞑想の状況に入る（ここで「祈り」とは祈祷書にある主要な祈りのこと）。

この方法は極めて効果的で広く用いられるが、なお多くの人々にとってむずかしかった。公式の祈りは日毎に唱えられるので、馴れで心が散漫になるのを避けて、言葉に思いを集中させるのには、かなりの集中力を要する。ラビ・ナフマンが言うように、公式の祈りは十分に通行のある道なので、用心深くない者を罠《わな》にかけようと、道沿いに待ちかまえている破壊的な力がある。

バアル・シェム・トヴの曾孫《ひまご》である、ラビ・ナフマンは祈りの方法を広げて、それをもっと普遍的で、有効なものにした。深い瞑想に備えるために、彼は詩編やその他の義務的でない祈りを朗唱する重要さを教えた。一人一人が、神とだけに過ごせるよう、自分の心からあらゆる思いを消し去ることであった。次の段階は、自分の全意識が全く神にのみ集中するように、自我（エゴ）を消し去ることである。

ラビ・ナフマンは、「神との会話」がつねにやさしいわけではないことに気がついていた。一つには、そのような会話には高度の霊的なコミットメント（責任、献身）が必要である。もう一つには、聖なるお方に初めて向きあった人が簡単に言葉を失ってしまうこともある。ラビ・ナフマンはこの「恥じらい」について語り、それを克服するための手段を論じている。

彼は次のように教えた。神に語るべき言葉を見つけられないならば、人は一つの言葉を選び、それを毎日瞑想の時間に何度も繰り返すがよいと。人は神に語るべき正しい言葉を見いだすまで、この同じ言葉を何週間も、何カ月も繰り返していればよい。

東洋のマントラ瞑想法になじみの人々には、この方法がなじんだものに思えるだろう。ラビ・ナフマンが繰り返し唱えるのによいと教えた特別の句は、「リボノー・シェル・オーラム רבונו של עולם」というヘブライ語で、意味は「世界の主よ」であった。このような「マントラ」は、長い間使われるとき、より深い瞑想の形への入り口になり得る。

瞑想のために心を澄ませるために、ラビ・ナフマンは「声に出さない叫び」を定めた。体をリラックスさせる多くの方法は、筋肉を意識して緊張させ、その後に一つ一つ緩めるということを含んでいる。ある意味で、「声に出さない叫び」というのは心を意識的に緊張させて、その後に瞑想において心をリラックスさせるのである。これは、瞑想の境地に入るのに大変有効な方法である。

ラビ・ナフマンが教えたもう一つの瞑想法は、体のあらゆる部位に語りかけることである。ブラツラヴ派の伝統では、自己改善のために重要な方法と見なされている。したがって、舌を制したいときには、舌に語ればよい。文字どおり、舌に対してセルフ・コントロールを行なうように命じるのである。同じことは、体のあらゆる部位についても当てはまる。この方法で、人は完全で絶対的なセルフ・コントロールを学ぶことができるのである。この場合にも、体の部位に単に語りかけるのでなく、瞑想状態においてそうするのである。

これを、自己暗示や自己催眠と混同するような者もいるだろう。しかし、多くの心理学や病理学の研究によれば、催眠と瞑想とでは状態に大きな違いがあることがわかっている。催眠では人の意識を変化させたり遮断したりすることがしばしば起こる。一方、瞑想の最終目標は意識を増大し、拡大することなのである。催眠状態は抑制された意識の状態であり、瞑想状態は拡大された意識の状態と見ることができる。

ラビ・ナフマンが見たように、「ヒトボデドゥート」は瞑想を表すが、またそれは個人的祈りの一つの形でもある。実際、それがほとんどの現代のブラツラヴ派のハシッド（指導者）が見ている見方である。意識のより高い状態に達する手段というよりも、自己完成への道として考えられている。もし、人が神と絶えず語っているならば、彼が一層神に似てくるのは確実である。人が神との強い結びつきを発展させるとき、彼が神の御意《みこころ》を行なおうという願いを一層湧かせるのは確実である。

その他に、絶えず祈る個人的祈りは、この地上においてでも、善き生活への手段と見ることができる。人が自分の問題を友人と語り合うとき、問題はもう手強《てごわ》いものではなくなるだろう。もし、人が神と共に問題を語り合うことを本当に学ぶことができたら、問題はもはや取るに足らぬものになったも同然である。あるブラツラヴ派のハシッドは、「あなたが、あなたの問題を神のもとに持ち出したとき、すでに問題は消えている。この世には心配することは何一つ無いんだよ」と言った。言いかえれば、三千年前にダビデ王が詠《うた》ったように、「神にあなたの重荷を差し出せ、そうすれば神はそれをあなたのために負い給う」(詩編五五・二三)

ラビ・ナフマンの瞑想に関する主なる教えは、『ヒシュタペフート・ハネフェシュ השתפכות הנפש』(「魂を注ぎ出す」)という小冊子に収録された。その本は、通称「テプリクのラビ・アルター」で知られるラビ・モーシエ・イエホシュア・ベジシアンスキによって改めて書き直された。最初の出版は、一九〇四年頃、エルサレムにおいて行なわれた。数知れず重版を重ね、この本はラビ・ナフマンの瞑想と祈りの体系を述べた古典的著作である。

この本が初めて出版された当時は、瞑想の概念はユダヤ教界においては実質上忘れられていた。しかし、瞑想への一般の興味が広まっていくにつれ、この主題を論じている多くの古いユダヤ文献資料が再発見されて、新たな興味をもって研究されている。このような流れの中で、『ヒシュタペフート・ハネフェシュ』はまさにふさわしいものである。最も無学なユダヤ人にすら、神に立ち帰ることのできる道を提供してくれる。

ユダヤ暦五七四〇年タムーズの月十八日（一九八〇年七月二日）

用語・固有名詞索引

ら行

聖書索引

訳者あとがき

一

ハシディズムは、十八世紀の中頃、東欧のウクライナ（当時はポーランド領、その後、ポーランド分割でロシア領となる）でバアル・シェム・トヴ（本名ラビ・イスラエル・ベン・エリエゼル一七〇〇～一七六〇）によって始められたユダヤ教の信仰復興運動です。当時の離散したユダヤ人社会は大変厳しい状況で暮らしていました。民衆は経済的に困窮していたばかりか迫害におそわれるなどの悲惨な運命に陥っても、精神的救いや慰め、希望は与えられませんでした。前世紀の偽メシア運動のしこりで、当時のユダヤ教は停滞し硬直していたのです。ごく一部のエリート層と民衆は隔絶していました。

バアル・シェムとは、奇跡力をもって癒やしや救いをなす人たちのことをユダヤ民衆はそう呼んでいましたが、「トヴ（良い）」を付けて呼ばれるほど、彼は民衆の中に入って、素晴らしい働きをしました。民衆に受け入れやすく単純な信仰をもって神の力と愛を伝え、「信仰は火であって、燃えかすではない」と言って人々の心を燃やしました。彼の説く信仰の特長は、「デヴェクート（神との密着）」と「ヒトラハヴト（歓喜）」でした。

やがて彼のもとに師と弟子の一体の宗教共同体が生まれていき、二、三世代の後に東欧全体に発展していきました。すると、既成の宗教家から激しい反発が起こり、ユダヤ社会内で迫害がありましたが、ハシディズムは驚くべき生命力でそれを乗り越えたのでした。

二千年前にナザレ人イエスの始めたユダヤ教改革運動は、キリスト教となってユダヤ教の外に出ましたが、バアル・シェム・トヴの運動はユダヤ教内に留まり、いつしかユダヤ教の主流の正統派になっています。宗教史上興味ある現象と言われます。

ハシディズムはヘブライ語の「ハシドゥート（敬虔）」に由来します。同じ語源のハシッドとは「敬虔な人」の意ですが、捕囚以後のユダヤ教に何度か「ハシディーム」（ハシッドの複数形）と呼ばれた共同体が現れました。「ハシッド」はバアル・シェム・トヴの弟子たちを指しても使われました。また、「ツァディク（義人）」とも呼ばれ、神と人の間を仲介する役割を担いました。ツァディクを中心に各地でそれぞれ共同体を作り、信徒を導いていきます。

ツァディクは次第に世襲制度となり、問題を含むことにもなります。世襲の共同体は、王朝（dynasty）とも宮廷（court）と呼ばれますが、宗派とか宗門と理解したらいいでしょう。そのなかで現代にまで続く有力な宗派に、ルバヴィッチ派（ハバド派）、サトマル派などがあります。他にも数々の王朝が生まれていきます。その中心に立つ指導者のラビは、特にレブあるいはレッベと称されて、信徒に対して強力な指導力を発揮しました。貴族さながら裕福な生活を享受する者も現れて、マンネリズムと形式化、一種の堕落が見え始めました。

そんな時、十九世紀初頭にバアル・シェム・トウの曾孫として生まれたのがラビ・ナフマン（一七七二〜一八一〇）です。彼は四世代目に相当する指導者《ツアディク》です。彼が公に現れた町に因んで、「ブラツラヴのラビ・ナフマン」と呼ばれます。彼は、停滞しかけたハシディズムに、新たな火を点じました。彼自身が目指したのは、バアル・シェム・トウの伝えた純粋な信仰でした。彼には世襲の後継者となる息子はなく、また世襲制を批判して他のハシディズム宗派のように後継者を指名しませんでした。実際は、彼の弟子で書記であったラビ・ナタンの出版活動によって、ラビ・ナフマンの教えを中心に「ブラツラヴ派」が誕生し、今やこの派は広くユダヤ教内外から多くの共鳴者を呼んで伸張しています。

「出版」ともう一つ、ブラツラヴ派の秘密がありました。それは、ラビ・ナフマンの墓前での「集合（キブツと呼ばれる）」です。ラビは亡くなる前に、「新年（ローシュ・ハシャナ）には、わが墓の前に来るように」と遺言を残しました。自分は生きて働き、みなを助けるという趣旨でした。こうして彼の終焉の地、ウマン（ウクライナのウーマニ）は、「巡礼」の聖地となりました。イスラエルの地以外で、ユダヤ人の巡礼地とされる最大の場所が、実はラビ・ナフマンの墓所なのです。

ラビ・ナフマンの信仰と思想をここに述べるには、頁に紙幅がありません。語弊をかえりみず簡潔に言えば、その特長は、「神と一つになること（合一）」「神への絶対信頼（子どもが親に対するように)」「神の前に祈ること(瞑想すること)、すなわち神との会話」と言っていいでしょう。もちろん、聖書をはじめ聖典の学びも大切にし、特に「詩編」を重んじて、瞑想の手だてとして推奨しています。彼は純情なダビデのように祈りました。

そして、無学な人々にもわかりやすく、「物語」をもって(民間伝承から借用したり、あるいは自分で創作したりして)信仰を教えました。一見簡単なように見えても、それは実にカバラー(ユダヤ神秘主義)の秘儀を込めて聖書の真理を伝えたものでした。ラビ・ナフマンは、学者ぶる指導層と自負する連中よりも、素朴な庶民を愛しました。

二

さて、本書は、ラビ・ナフマンが瞑想と祈りについて教えた語録を集めた本の日本語訳版です。もともとユダヤ教の信徒に語ったものですが、旧約聖書を同じ聖典とするキリスト教徒にも、聖書に興味をもつ人にも、あるいは瞑想に関心をもつ方にも読んで価値ある本としてお勧めします。一見簡単な文章ですが、彼の信仰のエッセンスが書かれています。

本書の原本のタイトルは、ヘブライ語で הִשְׁתַּפְּכוּת הַנֶּפֶשׁ(ヒシュタペフート・ハネフェシュ)「魂を注ぎ出すこと Outpouring the Soul」という意味です。エレミヤ哀歌の二章一九節の聖句から名づけられたのですが、原本の初版が一九〇四年頃に出たことは「英語版の序文」にあるとおりです。ヘブライ語版の編者はテプリクのラビ・アルターというブラツラヴ派のラビですが、彼にはさらに遡る資料がありました。それは、ラビ・ナフマンとその弟子ラビ・ナタンの講話集でした。なじみない人名が次々出てくると混乱を来すと思い、本書の著者名をラビ・ナフマンとラビ・ナタンとしました。

本書のヘブライ語原本は一般に入手できません。それをヘブライ語から英語に翻訳したのは、ラビ・アリエ・カプラン Rabbi Aryeh Kaplan です。一九八〇年にブレスロヴ研究所から発刊されました。米国の正統派のラビ・カプラン師はカバラー、ハシディズムに精通していて、『*Meditation and the Bible*』『*Jewish Meditation*』等の著書があります。本書にある彼の解説は、ユダヤ教の「瞑想」について大変貴重な説明をほどこしてくれています。が、やや難解な部分もありますので、最初は飛ばしても差し支えないと考え、本書の冒頭から巻末に移しました。

「瞑想」という言葉について日本語から連想することは、目を閉じて静かに何か対象（神仏や自己の心）を想うことのように思われます。ハシディズム、特にラビ・ナフマンにおける概念を要約しておきます。ヘブライ語の瞑想、ヒトボデドゥート התבודדות は、ボデッド בודד（独りになること）から由来し、外界から離れて孤立することを意味します。ラビ・ナフマンの瞑想の特長は、一人になることまでは同じですが、「静かに想う、考える」よりも、「神に語りかける」ために一人になるのでした。弟子たちに、毎日一時間は神の前に出て、自分の言葉で、あるいは詩編の言葉をもって神と会話することを勧めました。とは言え、神に語ることは容易でないとも言えます。それでも、絶望せずに続けなさいと激励しています。

本書に詳しく、そのことが書かれているので、全部を読み通すことを急がず、座右に置いて、じっくりと繰り返しお読みください。

ラビ・ナフマンは、彼自身短い生涯で数々の試練を経験しましたが、どんな時にも信仰にある「超楽天主義」で乗り越えていきました。とりわけ曾祖父バアル・シェム・トヴの究極の願いである聖地巡礼を実現したときには、命の究極的危機に遭遇しましたが、本書の瞑想の勧めはその時の体験などを含め、すべて彼の生きた行動に裏付けられたものです。

繰り返して申しますが、本書はユダヤ教の信徒向けですが根本は聖書を基にしています。なじみないユダヤ教の用語もあります。読者におかれては適宜選ばれて、どこからお読みくださっても結構だと思います。

彼の有名な格言を紹介して、訳者あとがきを終えます。

●「この世のすべては狭い橋である。大事なことは全く恐れないことだ」
●「失望してはならない、落胆してはならない。もし困難な時が来たら、ただ喜びなさい」
●「大きな掟は、常に喜ぶことである」

本書が神に近づくことを祈り願う方の、霊的生活の指針となれば、訳者に望外の喜びです。

二〇一六年五月十五日記す

●著者●

ラビ・ナフマン（Rabbi Nachman of Bratslav 1772~1810）

ウクライナ・メジブズ生まれ。ハシディズムの開祖バアル・シェム・トヴの曾孫。1798~99年聖地巡礼。1802年にブラツラヴで教え始める。1810年にウマンで他界。彼の墓は巡礼地になる。著書は『リクテイ・モハラン』他（弟子のラビ・ナタン編纂）。

ラビ・ナタン（Rabbi Nathan of Nenerov 1780~1844）

霊的求めからラビ・ナフマンの弟子になり、師の講話、教えや物語、会話を記録して、後世に残す役を果たした。出版の他にウマン巡礼を定めて、ハシディズム・ブラツラヴ派の発展の基礎を作った。

●訳者●

河合一充（かわい　かずみつ）

1941年愛知県生まれ。ミルトス編集代表。1965年東京大学理学部卒業。1967年同大学院修了。著書に『イスラエル建国の歴史物語』、共著に『日本とユダヤ　その友好の歴史』（ベン・アミー・シロニー共著）、編著書に『ユダヤ人イエスの福音』『出エジプト記の世界』、訳書に『タルムードの世界』『ユダヤ人の歴史』『死海文書の研究』『評伝マルティン・ブーバー』（いずれもミルトス）他。

Translated from *OUTPOURING OF THE SOUL*

ラビ・ナフマンの瞑想のすすめ

2016年6月12日　初版発行

編著者　ラビ・ナフマン／ラビ・ナタン
訳　者　河　合　一　充
発行者　河　合　一　充
発行所　株式会社　ミ　ル　ト　ス
〒103-0014 東京都中央区日本橋蛎殻町
1-13-4　第1テイケイビル 4F
TEL 03-3288-2200　　FAX 03-3288-2225
振替口座　00140-0-134058
http://myrtos.co.jp　pub@myrtos.co.jp

印刷・製本　日本ハイコム　Printed in Japan　　ISBN 978-4-89586-161-8
定価はカバーに表示してあります。